DECISÃO IDEAL

José Paulo

DECISÃO IDEAL

São Paulo - 2019

Copyright © 2019 por José Paulo Pereira Silva

Decisão Ideal
José Paulo Pereira Silva

1ª Edição
1ª tiragem – novembro de 2019

Edição
Fontenele Publicações
Revisão:
Paloma Nogueira
Diagramação:
Edu Lopes
Capa:
Ingo Bertelli

ISBN – 978-85-9585-409-3

CIP – (Cataloguing-in-Publication) – Brasil – Catalogação na Publicação
Angélica Ilacqua CRB-8/7057

Silva, José Paulo Pereira
  Decisão Ideal / José Paulo Pereira Silva. 1 ed. São Paulo, Fontenele
Publicações, 2019.
  176 p.; 21cm (broch.);

  ISBN 978-85-9585-409-3

CDD 922.58

Índice para catálogo sistemático
1. Empresários - Brasil - Biografia I. Título

Fontenele Publicações
Rua Andaraí, 910 – Vila Maria – São Paulo-SP – CEP: 02.117-001
WhatsApp: 11 9-8635-8887
São Paulo: 11 4113-1346
contato@fontenelepublicacoes.com.br

Sumário

Prefácio 7

Dedicatória 9

Apresentação 11

Palavra de um amigo! 15

Prólogo 17

As origens 19

A sede do conhecimento 25

A formação 29

Os insucessos 33

A decisão ideal 39

Os resultados 45

Um líder eficaz 53

O raio-x da alma 59

Princípios e cultura 65

Constância 69

Integridade 73

Fé 77

Fé nos negócios 78

Minha fé 79

Um grupo empresarial sólido 81

7 pilares do negócio ideal 87

1º Pilar - Marketing 88

2º Pilar - Vendas 94

3º Pilar - Produção 95

4º Pilar - Financeiro 96

5º Pilar - Pessoas 97

6º Pilar - Cultura 99

7º Pilar - Gestão 101

Amor 105

Ideal dad (Papai ideal) 106

Ideal husband (Esposo ideal) 108

Desafios da convivência e benefícios de caminhar juntos 109

Ideal entrepreneur visionary (Empreendedor visionário ideal) 111

Ideal mentor (mentor ideal) 112

Ideal leader (líder ideal) 114

Filantropo 114

Cinco conselhos para um casamento sólido e duradouro 117

1 - Condição social 119

2 - Nível educacional 120

3 - Objetivos de vida bem alinhados 120

4 - Mesma religião 121

5 - Gostar na mesma intensidade 122

O caminho ideal: Equilíbrio para uma vida feliz 125

1 - Pilar pessoal 126

2 - Pilar profissional 127

3 - Pilar familiar 128

4 - Pilar financeiro 128

5 - Pilar social 129

6 - Pilar cultural 130

7 - Pilar espiritual 130

Meu presente para você: um brinde ao seu futuro! 133

Teoria de desenvolvimento pessoal - "four actions" 134

Para ter o melhor, dê o seu melhor! 137

Depoimentos 141

Um ideal 149

Anexos 151

PREFÁCIO

José Paulo é o protótipo do empreendedor — um lutador — que busca resultados com determinação, sem medir esforços e sacrifícios para atingir as metas com as quais se compromete.

É um homem multifacetado, ávido por conhecimentos e com uma característica marcante: um fiel seguidor do Grande Mestre Jesus. Sempre destacou aos seus amigos íntimos que o seu primordial objetivo de vida é levar a palavra de Deus para todos, deixando claro que o seu sucesso como grande empreendedor é apenas um meio e não um fim em si mesmo, um meio de arregimentar recursos para elevar o coração das pessoas para Deus.

Tive o privilégio de acompanhar a trajetória de empreendedorismo do José Paulo desde o seu início, presenciando sua evolução meteórica, própria dos grandes líderes inspiradores. Nunca deixei de me surpreender com seu crescimento vertiginoso!

Ao longo de todos esses anos, um dos grandes aprendizados que tive com o José Paulo é a importância de se ter um propósito de vida claramente definido e a determinação para realizá-lo.

Todos temos muito a aprender lendo e saboreando essa autobiografia estimulante e enriquecedora. Aproveitem e desfrutem dela.

Bom aprendizado!

Edson Pardini

DEDICATÓRIA

Dedico este trabalho:

A DEUS pela saúde, vida e companhia em todos os momentos.

Aos meus pais (José Pereira Silva e Cleusa Maria Zanete Pereira) e minhas irmãs (Carmem Ponte e Natalli Zanete) pelo amor, carinho e apoio que sempre me dedicaram ao longo de minha vida.

Aos meus avós (Lázara Aparecida Zanete — avó materna — e Júlio Pereira da Silva — avô paterno), exemplos de coragem, honestidade e amor.

À Roseli Martins Pereira, minha amiga, companheira e esposa que inspira e incentiva cada passo meu com sua sabedoria, delicadeza e determinação, compartilhando comigo sonhos e realizações.

Aos meus filhos amados (Anne Caroline, Paulo Henrique e Pedro Paulo) por toda a felicidade que nos proporcionam, por suas palavras, sorrisos e carinho.

Ao meu nobre amigo Ewerton Quirino, por toda a dedicação e suporte na construção desse projeto, resgatando momentos e fatos fundamentais.

A todos os colaboradores e sócios do Grupo Ideal Trends, pessoas extraordinárias, incansáveis na busca da excelência e do crescimento mútuo.

A todos aqueles que transformam suas ideias e sonhos em projetos reais, ajudando a construir uma sociedade melhor.

José Paulo Pereira Silva
Orlando, Flórida, USA, setembro de 2019.

APRESENTAÇÃO

Neste livro você encontrará uma breve biografia pautada na determinação e obstinação por resultados, duas palavras que fazem parte do dia a dia de um dos maiores nomes do ramo de tecnologia na América Latina, o empresário José Paulo, 46 anos, apaixonado por sua família.

Hoje, José Paulo é casado, pai de dois filhos e em breve será pai pela terceira vez. Desde sua juventude sempre foi ávido por resultados e muito trabalho. Dedicou-se muito aos estudos, formou-se em Engenharia de Produção, tem em seu DNA a incessante busca por conhecimentos.

Atualmente, o empresário obtém os títulos de Mestre e Doutor em Administração de Empresas e Pós-Doutor em Relações Internacionais pela FCU/USA.

Em 1995 deu início ao seu primeiro empreendimento e nas últimas duas décadas construiu um Grupo multimilionário constituído de 21 empresas, o qual atua nos mais diversos ramos de atividade.

Presidente do Grupo Ideal Trends, um dos mais promissores conglomerados de empresas do Brasil e em franca expansão no exterior, José Paulo implantou princípios de gestão que são vividos na prática por cada colaborador e uma cultura sólida e eficaz em todos os sentidos.

Com uma visão aguçada para novos negócios, José Paulo não se limita apenas ao próprio crescimento, dedica-se também à formação e à mentoria de milhares de pessoas, dando a oportunidade para seus colaboradores de tornarem-se sócios de suas empresas de forma meritocrática e seguindo seu modelo de liderar pelo exemplo.

Durante esse período, José Paulo já formou mais de uma centena de líderes, deu oportunidade a mais de uma dezena de sócios e, por meio de seus direcionamentos, transformou pessoas simples e dedicadas em empresários de grandes resultados, entre eles jovens que já possuem sua liberdade financeira.

Tendo como base a integridade, resultados, constância e fé, e por acreditar que dividir é multiplicar, José Paulo tem prazer em passar todo seu conhecimento para o desenvolvimento de pessoas em diversas áreas do mercado.

PALAVRA DE UM AMIGO!

Nobre amigo, José Paulo! Hoje eu compreendo que ter um amigo vai além do conceito que as pessoas acreditam ser verdade.

Um verdadeiro amigo nem sempre precisa frequentar sua casa, não precisa dividir a mesa de restaurante com gargalhadas e conversas sobre o time do coração.

Amigo mesmo é aquele que corrige, orienta, motiva, apoia, suporta, repreende e acima de tudo nunca desampara. Aprendi que amigo fala a verdade, ainda que ela doa, amigo agrega, divide o pão, levanta pela mão até mais que um irmão.

Aprendi a separar que o mentor, treinador e gestor após a reunião volta a ser o amigo irmão, afinal os dois estão na mesma missão, de intenção e coração.

Descobri que independente da condição social esse amigo permanece igual, sem vaidade, com muita humildade e humanidade.

Amigo José Paulo, a palavra "obrigado" tem um grande significado, que é o de retribuir tudo o que foi feito e dedicado. Como sei que isso não vou conseguir retribuir a contento, deixo uma palavra que demonstra meu sentimento:

Gratidão!!!

Que Deus abençoe você e sua família!

Ewerton Quirino

PRÓLOGO

Neste livro, José Paulo Pereira Silva não só conta um pouco da sua história, como divide com o leitor algumas experiências da vida de um empreendedor em série, além de se preocupar em passar durante a leitura diversas dicas de empreendedorismo, desenvolvimento de pessoas e liderança.

Você também vai encontrar um capítulo escrito por sua esposa e companheira de desafios e vitórias, Roseli Martins, que com objetividade e doçura abre um pouco da intimidade da família, mostrando o lado pai, marido, empresário e filantropo.

Este é um livro prático, objetivo, de fácil entendimento e direcionamento. Inclusive, tais características são do próprio autor.

José Paulo ainda traz para você, leitor, um capítulo com 7 pilares para o negócio ideal, um presente para aqueles que querem empreender de coração e intenção.

Tenha uma ótima leitura!

AS ORIGENS

Eu sempre costumo dizer que conheço as pessoas pelos seus frutos e sua história, na realidade aqui estou falando em conhecer a essência da pessoa, onde ela foi forjada, se gosta de desafios. Por isso, antes de falar sobre outro assunto gostaria de contar a você, leitor, um pouco sobre a história da minha família.

Diante de uma situação difícil na Itália, mais especificamente na cidade de Fregona, em meados do século XIX, meus tataravós Francesco e Maria Tafarelo, um casal destemido, decidiram tentar a vida no Brasil juntamente com cinco filhos. No dia 10 de novembro de 1897 embarcaram cheios de esperança, enfrentando 19 longos dias de viagem.

Chegando ao Brasil, instalaram-se na cidade de Botucatu, mas, movidos por desafios, não pensaram duas vezes quando foram convidados a trabalhar na cafeicultura, que estava no auge no Brasil, então se mudaram para a cidade de Santa Cruz de Rio Pardo e iniciaram um trabalho duro de sol a sol.

O tempo passou e o neto desse casal, meu avô Augusto Zanetti, enamorou-se por Lázara, uma filha de brasileiros de família conhecida em Santa Cruz do Rio Pardo.

O pai da moça não admitia que sua filha namorasse um imigrante italiano, era um preconceito escancarado naquela época, mas a determinação do italiano somada à fé e ao amor de Lázara não podia ter outro resultado senão o casamento após um namoro de cinco anos.

Lázara Santos e Augusto Zanetti, jovens de 19 anos, não admitiam fazer nada separados, tamanha era a cumplicidade e a amizade do casal, além do foco no trabalho para manterem o lar. Logo, a casa de meus avós começou a se encher de alegria e a primeira a nascer foi minha querida mãe, Cleusa, que por muitos anos foi o braço direito da família. Ela dividia sua infância entre o trabalho na roça, o cuidado com os irmãos e o tempo que restava aos estudos.

Minha mãe sempre compartilhou comigo que o trabalho duro mantinha uma casa repleta de pessoas, que eram meus avós e seus doze filhos, sendo dois deles adotados. Todos os filhos aos seis anos de idade começavam a trabalhar com meu avô na roça, enquanto minha avó cuidava dos afazeres da casa. Nem sapatos tinham, mas possuíam garra, determinação e felicidade.

Meu avô, um homem de bom coração, arrendou seu sítio para que com o dinheiro pudesse auxiliar uma pessoa necessitada, mas infelizmente essa pessoa não o pagou e toda a família ficou sem um lar e sem uma terra para trabalhar. Porém, como já relatei, determinação e fé era o que movia esta família, que foi acolhida por um casal da região, e não desistiram.

Mal sabiam o que estava por vir no dia 17 de abril de 1971, uma fatalidade tiraria a vida do meu avô. Naquela ocasião toda a cidade se comoveu, a família continuou unida, mais uma vez a fé e a determinação prevaleceram e minha querida avó Lázara, grávida da filha mais nova, tomou as rédeas da situação e manteve todos unidos e no mesmo objetivo, que era ter uma vida de muito trabalho e integridade.

Os anos se passaram até que chegou o momento de minha mãe formar sua própria família ao conhecer meu amado pai, José Pereira, policial militar, homem íntegro, disciplinado, rigoroso, mas muito protetor. Casaram-se e vieram para São Paulo, abriu-se então a possibilidade de os meus tios tentarem a vida nesta terra de oportunidades. Um dos meus tios conseguiu emprego em uma grande empresa de tratores e começou a arrumar trabalho para seus irmãos lá também; praticamente toda a renda da família girava em torno do trabalho nessa empresa, e eles eram gratos por essa oportunidade.

Quando havia festa junina na empresa, lá estava nossa família reunida, afinal todos trabalhavam ali. Eu frequentava as festas dessa empresa e o que me encantava eram as máquinas enormes, sem falar nas guloseimas que serviam nas festas. Brincadeiras à parte, com 12 anos decidi que iria trabalhar ali também.

Se tem uma frase que eu sempre cito é "decisões decidem destinos", e ali estava um garoto decidido. Mesmo criança, nada para mim poderia ser feito de qualquer forma, se fosse para trabalhar naquela empresa, que fosse da melhor maneira. Então, consegui estudar no Liceu de Artes e Ofícios e manter o foco no meu objetivo, que era trabalhar na empresa de tratores.

Logo lá estava eu como o mascote da minha família, trabalhando na mesma empresa; agora eu não era mais convidado das festas, e sim fazia parte de tudo aquilo como eu havia decidido e planejado. Tenho certeza de que a determinação e a fé dos meus avós me acompanham até hoje.

Mas antes de terminar este capítulo não posso deixar de falar do meu avô paterno, Júlio Pereira da Cruz, homem íntegro, trabalhador de bom coração, foi militar no Nordeste e exercia a função de poceiro. Imagina o desafio que era cavar poços nos anos 50, nas casas, que era comum na época. Nem todos sabiam fazer, mas essa era a única forma de captação de água em algumas localidades. Meu avô, com sua simplicidade, mesmo sem saber ler e escrever possuía grande sabedoria, conhecia muito sobre a Bíblia, era adepto da literatura de cordel e viajou o Brasil inteiro trabalhando e tocando seu violão que era uma paixão. Mesmo com tanta simplicidade cobrou dos filhos muita seriedade, tanto que meu pai, como já citei, é um militar reformado assim com meu tio Elias também.

Uma curiosidade que poucos sabem é que na cidade de Embu Guaçu, em São Paulo, existe uma rua que leva o nome deste saudoso, querido e humilde senhor. Mesmo com sua simplicidade seu nome ficou eternizado por seu legado familiar e por essa homenagem da cidade.

A SEDE DO CONHECIMENTO

Meu livro de cabeceira tem em um dos seus capítulos a seguinte frase: "Os insensatos desprezam a sabedoria e a disciplina". Não tem nada mais valioso para um homem do que o conhecimento, e quando aliado à disciplina o resultado não pode ser outro senão o sucesso.

Sempre tive sede de conhecimento, e quando falo conhecimento não estou limitando às paredes das escolas e universidades, estou falando de algo que transcende. Fiz da sede pelo conhecimento um hábito, a todo momento estou atento para aprender algo novo.

É confortável para o ser humano utilizar o que ele já sabe e limitar-se àquilo, é natural, pois a maioria das pessoas acredita que buscar conhecimento é complicado e caro. Isso é um grande engano. Todos os dias nós aprendemos algo, o único receio que tenho é acreditar em uma mentira; mas, por outro lado, quanto mais conhecimento eu tenho, mais as mentiras estão longe de mim e da minha carreira. Afinal o conhecimento traz um bem muito valioso chamado "discernimento", mas falaremos sobre isso em outro momento.

Uma grande lição de conhecimento e disciplina para mim foi quando decidi estudar para o vestibular e ingressar em uma universidade. Avisei toda minha família que por um tempo eu estaria focado nos estudos, fiquei trancado em meu quarto por uma longa jornada, até as refeições minha mãe deixava na porta pelo lado de fora. Sim, isso mesmo, pode parecer loucura, mas por uma paixão devemos renunciar a muitas coisas.

Ali fiquei por dezenas de dias mergulhado nos livros, e, à medida que o tempo passava e a barba crescia, o conhecimento também se multiplicava, eu estava focado e me preparando para um dia decisivo, no qual obtive sucesso. Entenda, o sucesso não está naquilo que você quer fazer, e sim no que precisa ser feito; da mesma forma, precisamos conhecer temas e coisas de que nem sempre gostamos, mas que necessitamos para avançar.

Uma certeza que eu tenho por experiência e quero passar para você, leitor, é que as pessoas comuns olham apenas para as coisas, mas pessoas com conhecimento olham através das coisas. E aí está o grande segredo, pois olhar através das coisas amplia sua visão sobre o todo e lhe dá a certeza de que está no caminho correto.

A leitura se tornou para mim um hábito, leio praticamente sobre tudo; não sou um autodidata que lê, aprende e coloca em prática um determinado tema, o que eu busco com a leitura é um conhecimento amplificado de diversas áreas, daí saem diversas ideias e insights para novos negócios.

Hoje existe uma grande facilidade de ter livros e conteúdos na palma da mão, a tecnologia proporciona isso e é preciso aproveitar, mas durante minha vida aprendi que posso extrair conhecimento também por meio de perguntas. Sempre que tenho oportunidade de conversar com alguém com uma experiência, talento ou dom, eu não perco a oportunidade de em uma conversa amistosa ou profissional perguntar sobre o que me deixou curioso, procuro não ser enfadonho, mas tudo o que eu puder perguntar vou perguntar para aprender.

Cercar-se e relacionar-se com pessoas inteligentes é vital para o crescimento intelectual, ajuda a ter novas ideias e ter resultados expressivos em todas as áreas da vida. Então, peça conselhos, você não precisa segui-los, mas não peça um ou dois, tenha diversas fontes de conselho e faça sua análise, nos conselhos nós adquirimos muito conhecimento.

A partir dessa forma de agir cheguei a diversas conclusões e pode parecer contraditório, mas tenha certeza de que esse caminho me ajudou a ter sucesso, afinal a sede pelo conhecimento faz com que eu não me conforme apenas com o que falam, eu preciso ir além, buscar sempre algo mais e, ainda que a fonte seja boa, confrontar ideias e pensamentos para expandir sempre a minha mente. A pessoa que se contenta apenas com o básico e toma como verdade terá sempre o básico, ou estará acreditando em uma inverdade. Torne a busca pelo conhecimento um hábito na sua vida e você chegará além de onde imaginou.

A FORMAÇÃO

No capítulo anterior você pôde perceber minha busca incessante por conhecimento. Eu comecei muito cedo, em 1992 estudei no Liceu de Artes e Ofícios em São Paulo, era um desafio ser aprovado nessa nobre instituição. Para lá estudar era necessário superar as limitações da escola pública e complementar paralelamente os estudos, afinal havia uma concorrência desleal do outro lado, eram os alunos das escolas privadas com muito mais ferramentas e materiais, mas consegui e me formei no curso de técnico em eletrônica, que na década de 90 era uma formação que abria várias portas.

Eu comecei a empreender cedo, bem antes da Universidade, mas em 2010 me graduei em Engenharia de Produção. Para quem nunca ouviu falar desta profissão, um engenheiro de produção tem como missão garantir a eficiência do processo produtivo de uma empresa mantendo um custo baixo, ou seja, produzir mais, com qualidade e gastando menos.

Como eu já era um empreendedor, percebi que essa regra pode e deve ser aplicada em qualquer tipo de negócio em qualquer segmento. Entenda, eu estudei para ser um engenheiro e minha mente já estava preparada para usar esses princípios em diversas áreas.

Com meus empreendimentos tomando forma, crescendo em grande velocidade, eu precisava ser veloz em minha capacitação. Encarei um MBA em Vendas, logo em seguida também concluí um MBA em Marketing. Entenda, o tempo é implacável! — e se você quer ter sucesso tem que ser implacável também e evoluir diariamente, caso contrário, você será ultrapassado.

E vou além, se você tem uma empresa saudável hoje, não se acomode, atualize-se e crie algo que supere a sua própria empresa ou a concorrência o fará por você. Para isso, você tem que estar atento a tudo o que está ocorrendo ao seu redor. E, se você não começou ainda seu empreendimento, alguém pode estar fazendo no seu lugar.

Eu decidi não parar, enfrentei um Mestrado em Administração de Empresas em uma Universidade estabelecida na Flórida - EUA em 2012. Em 2013 parti para o Doutorado na mesma instituição e em 2016 conclui o Pós-Doutorado em Relações Internacionais.

Agora, olhe as datas, cinco anos em um parágrafo parece que foi simples, mas não é e não foi, tive que conciliar meus empreendimentos, família e estudos para chegar até o Pós-Doutorado, não só conciliar como manter tudo em harmonia sem perder o foco em cada uma dessas áreas.

Você que está lendo este livro entenda que, ao escrevê-lo, eu o fiz com um propósito de ensinar algo por meio da minha trajetória, não é simplesmente contar minha história, mas a cada capítulo trazer algo de bom para sua vida.

A formação é algo que brilha aos olhos de muitas pessoas quando se diz "sou" Pós-Doutor, por exemplo, mas por trás do título há muita entrega e renúncia. Diariamente durante anos trabalhei de 10 a 12 horas por dia e ao chegar em casa estendia os estudos até as 2, 3 horas da manhã. Pouco via meus familiares e no outro dia tinha que chegar à empresa energizado para mais um dia.

Para muitos é um preço alto a se pagar e a maioria não está disposta a isso, mas eu sei que a "dor" em curto prazo gera "prazer e satisfação" em longo prazo. Quando eu digo dor em curto prazo, estou falando das renúncias e privações no momento da dedicação. E quando cito prazer e satisfação em longo prazo falo dos bons frutos que estou colhendo e vou colher por tudo que plantei.

São poucos que querem ir além, a maioria se apoia em três palavras: desculpa, justificativa e vitimismo. Se você realmente quer ter sucesso, essas expressões não podem fazer parte do seu dia a dia, isso em todas as áreas da sua vida, não somente na sua formação.

Além da formação acadêmica, a participação intensa em palestras, seminários e congresso fazem parte da minha rotina, vejo isso como um investimento em meus negócios e minha vida.

Minha busca incessante pelo conhecimento se dá porque eu acredito que "só temos aquilo que sabemos, se não sabemos não temos". Volto aqui a citar um trecho do meu livro de cabeceira: "Porquanto, melhor é a sabedoria do que as mais finas joias, e de tudo o que se possa ambicionar, absolutamente nada se compara a ela!" [Inclusive a prata e ouro].

Podem levar tudo o que você tem, mas o conhecimento adquirido jamais qualquer homem poderá lhe tirar, o conhecimento ajuda a manter e multiplicar o que você já tem, bem como a recomeçar se for necessário.

OS INSUCESSOS

Eu separei da minha vida quatro casos de insucessos e resolvi escrever este capítulo porque as adversidades e os insucessos me levaram à maturidade, seja para a vida, para os negócios e para relacionar-me com pessoas.

Primeiro eu quero falar um pouco sobre por que resolvi empreender. Eu era operário de chão de fábrica e do local que eu desenvolvia meu trabalho eu conseguia enxergar a sala do dono da empresa. Eu sempre fui muito observador, toda semana um senhor de terno aparecia na empresa e o dono saía com ele para almoçar. Reforço aqui minha mensagem, quer aprender algo? Pergunte!

Um belo dia abordei o dono da empresa e perguntei: "Uma curiosidade, por que toda semana o senhor leva aquele homem de terno para almoçar?".

Ele respondeu: "Ele é meu vendedor. É através dos pedidos que ele traz que mantenho a fábrica, por isso eu o trato desta forma, ele é da área comercial, José Paulo, ele vende bem e ganha bem por todas as vendas que ele faz".

Na mesma hora eu, interiormente, me questionei e disse a mim mesmo que não podia mudar o mundo, mas poderia me adaptar a ele. Eu pensava: "Trabalho tanto aqui na fábrica e não tenho o mesmo privilégio do vendedor, sempre ganho a mesma coisa todo mês. Se o segredo é vender, vou largar este avental de fábrica e vou vender algo, quero esta oportunidade".

Para vender é necessário empreender e meu primeiro negócio foi no ramo de embalagens, a empresa Softplastic em 1993. Eu visitava todo tipo de comércio vendendo sacolas personalizadas, tirava pedidos, comprava as sacolas em atacados no Pari, em São Paulo, passava noites imprimindo as marcas nas sacolas com uma máquina específica e desenhava processos que eu mesmo desenvolvi para otimizar a produção e os custos.

O negócio se mantinha, mas não era escalável. Eu conseguia atender demandas de até 2 ou 3 mil sacolas trabalhando a noite toda, além disso havia uma empresa concorrente que oferecia um preço bem mais acessível e com uma parte fabril robusta. Enquanto minha máquina gravava nas sacolas em apenas uma cor, eles conseguiam fazer em quatro cores; os lojistas preferiam, então, algo mais barato e moderno, mas ainda assim consegui me manter por um ano e meio operando.

Meu segundo empreendimento durou um pouco mais, foram cinco anos com muita persistência, era um e-commerce chamado Superando Limites, que revendia cursos de desenvolvimento pessoal e profissional. Apesar da boa qualidade dos cursos, me faltava experiência para o trabalho com a venda pela internet. Sem ter como investir eu não tinha muito tráfego e, consequentemente, pouca conversão em vendas.

Para dificultar ainda mais, era usado um modelo de franquia que não estava bem formatado ainda, não havia sequer uma política justa de preços e cada franqueado estabelecia por quanto queria vender, o que acaba desmoralizando o negócio com uma concorrência desleal de preço.

Lancei também um e-commerce chamado Cosméticos Beauty, uma plataforma de vendas de cosméticos profissionais com as principais marcas do mercado. As grandes dificuldades eram os fornecedores, pois muitos produtos vinham de fora, faltavam nos estoques, a oscilação do dólar também era um desafio, variação de preço muito grande.

Um mercado extremamente concorrido, principalmente no mundo digital. Aprendi muito nessa fase sobre tráfego e conversão pela internet, o mesmo problema do meu empreendimento anterior, tema que vinha aprimorando na minha carreira profissional, mas mesmo com esse aprimoramento as grandes marcas não viam ainda com bons olhos a venda de produtos profissionais para cabelereiros pela internet. Então, com tantos percalços e instabilidades, eu decidi encerrar essa empresa.

Você pode analisar que eu sempre procurei em meus empreendimentos oferecer algo que ajudasse meu cliente, principalmente na venda de cursos e no bem-estar por meio dos cosméticos, algo sempre me levava a pensar na transformação do próximo. Inclusive, no capítulo a seguir você entenderá melhor essa visão e missão.

Seguindo nesta linha, no ano 2000 eu e um sócio criamos uma academia de ginástica dentro de um grande condomínio na zona sul de São Paulo, um condomínio com dezenas de torres. Na época era raro um condomínio com aparelhos de ginástica e nós oferecíamos uma estrutura completa aos moradores, que tinham uma condição e preço diferenciado para treinarem no local.

Era um negócio lucrativo, nós já estávamos pensando em duplicar isso para vários condomínios em São Paulo e até Brasil, mas no sétimo mês de operação fomos surpreendidos. Apesar de ter um contrato de três anos assinado com o condomínio, o conselho havia decidido em assembleia que a academia deveria dar lugar a um berçário e simplesmente tivemos que desmontar a estrutura.

Com esse acontecimento nós percebemos que em qualquer condomínio seríamos reféns das convenções e decisões de conselhos, o que tornaria o negócio, apesar de rentável, inseguro, pois do dia para noite, como ocorreu, teríamos que entregar o ponto.

Esses foram os quatro cases de insucesso que escolhi para contar, mas, apesar de o título deste capítulo ser esse, eu entendo tudo isso como grandes passos de aprendizado. Veja bem, aprendi muito sobre o mercado digital, embalagens, educação, beleza e bem-estar, mais adiante você verá como esses "insucessos" me ajudaram a chegar aonde cheguei.

A DECISÃO IDEAL

Caro leitor, em meio às adversidades tentei sempre enxergar algo positivo. Era como estar em cima de um telhado inclinado, úmido e liso, tentando me equilibrar e buscando no horizonte algo agradável, mas não é fácil.

A vontade de vencer mesmo que as circunstâncias não sejam favoráveis não deve ser perdida, e eu guardo isso comigo até hoje. Mesmo que ninguém ao redor acredite nesta vontade, uma hora ela vai prevalecer e as pessoas enxergarão que as adversidades só serviram para mostrar o caminho do sucesso.

O momento-chave da minha vida aconteceu no dia 14/6/2003, uma segunda-feira, na qual fiz uma venda expressiva, a princípio um excelente negócio, e nessa época eu atuava em todas as pontas da empresa, saía em busca de pedidos, comprava matéria-prima, virava a noite produzindo para entregar no prazo combinado. Nessa venda não foi diferente, produzi e fiz a entrega no dia combinado.

Na noite em que o cliente deveria me pagar, ele me enviou um fac-símile, popularmente chamado de fax, talvez você nunca tenha visto um aparelho desse, mas com ele as pessoas podiam transmitir cartas e mensagens em tempo real atrelado a uma linha telefônica. Eu me assustei quando peguei o papel do fax com a mensagem de que ele não me pagaria e só poderia fazer isso em 24 vezes. Todo meu planejamento estava baseado nessa venda e todos os meus ativos eu direcionei a essa produção.

Minha única alternativa era ir cobrá-lo e eu só tinha o valor para me deslocar até o cliente. Fui até a cidade de Guarulhos na Grande São Paulo, cheguei cedo ao cliente para falar sobre o pagamento, pediram para eu aguardar, as horas passavam e eu não era atendido, tinha a certeza de que algum colaborador daquela empresa havia avisado o proprietário que eu estava lá e qual era meu objetivo. Ele não apareceu; sem solução, saí da empresa, sentei na Praça Oito de Dezembro em Guarulhos, pensando como agir e o que fazer. Com fome, eu só tinha no bolso 35 centavos, era o suficiente para comprar uma esfirra em uma rede de fast-food árabe que estava a alguns metros da praça, mas foi o trajeto mais longo da minha vida.

Se entrasse para comer eu não teria como pagar o alimento e a taxa do serviço, seria um absurdo entrar e pedir ao garçom que me servisse uma esfirra.

No mesmo momento observei o drive-thru, fui até a atendente e pedi para que me vendesse uma esfirra, ela contestou dizendo que ali só podia comprar quem estivesse de carro, e não a pé. Eu insisti e ela me vendeu, e, por mais simples que possa parecer, para mim foi constrangedor, não por orgulho, mas esse dia mostrava-se um dia trágico.

Eu precisava de um lugar tranquilo para refletir, o fast-food era localizado em frente ao Cemitério Primavera, parece estranho, mas ali eu entrei, sentei, pensei em minha situação e antes mesmo de culpar as circunstâncias, algo no meu interior disse: "Olhe a sua volta e veja: quantos sonhos enterrados, quantas histórias não podem mais serem escritas ou continuadas, este é o lugar mais rico que pode existir, mas toda riqueza aqui as pessoas levaram com elas e essa riqueza não se trata de fortunas e bens. Você está vivo, tem saúde, tem muita coisa ainda para construir.

Neste instante, lembrei-me do episódio, que você leitor já leu no início deste livro, de quando trabalhava na fábrica e notei que o vendedor, era um dos profissionais mais valorizados pela diretoria da empresa. Isto entrou em meu coração, eu imediatamente decidi ajudar a pessoas a venderem mais, de forma inovadora.

Então, me levantei, estava com o ânimo renovado, com grande alegria no coração eu defini uma missão, ajudar o maior número de pessoas e empresas a promoverem seu produtos e boas qualidades para o mundo.

Você que está lendo este livro, entenda, nunca diga "vou recomeçar do zero", se está recomeçando você tem que analisar o que errou e corrigir a rota, você não está mais na estaca zero.

Só que eu não estava sabendo me vender, vender meus negócios, não enxergava que, figurativamente, como já disse, estar em um telhado íngreme e úmido procurando algo bom no horizonte na realidade só me deixava mais próximo da queda. Então, no dia 14/6/2003 decidi ajudar as pessoas a venderem as suas ideias, seus projetos e seus produtos, tirar as pessoas de um ecossistema de baixo valor.

Como já contei no capítulo anterior, eu tive alguns desafios com vendas pela internet. Esses desafios me levaram a estudar muito o mercado digital, recomecei promovendo comercialmente negócios pela internet, não só os meus, o de outras pessoas também, inclusive que se tornaram meus clientes. O tráfego e a conversão que no passado eram uma barreira, aqui se tornaram um trampolim para o sucesso mútuo.

Constituí a empresa DSW, uma empresa de soluções digitais que se tornou a maior empresa na América Latina em apoiar empresários a venderem mais e alavancarem suas empresas, minha decisão em ajudar as pessoas mudou não só meu destino como o de milhares de parceiros e clientes.

Uma dica de ouro: para você que busca o sucesso, decida mudar a vida de outras pessoas por meio da sua vida, mas para isso tenha seus resultados e a certeza de que não fará o outro errar.

OS RESULTADOS

Sou aficionado por resultados, e falo de bons resultados, mas eu também tenho consciência de que dentro de uma guerra existem várias batalhas que serão perdidas, porém o objetivo deve ser vencer a maioria delas para ganhar a guerra.

Você que está lendo este livro, faça uma reflexão dos resultados da sua vida, se o balanço feito agora rapidamente neste pensamento foi de que sua vida não foi de bons resultados, o segundo passo é analisar as pessoas que caminham com você.

Analisar os frutos das pessoas que caminham com você é o primeiro passo para saber se você conseguirá ter resultados ou não em sua vida. Como eu disse no capítulo anterior, minha vida mudou quando decidi ajudar as pessoas a mudarem suas situações, mas nós mudamos vidas de pessoas que ao menos produzem o mínimo de bons frutos.

Outro ponto muito interessante, é que ao agregar pessoas de bons frutos o ambiente se torna leve, agradável, produtivo e divertido. E naturalmente um ajuda o outro a performar e crescer pois são pessoas com o mesmo propósito, por onde passam produzem bons frutos e a semente destes bons frutos ficam e geram o bem a todos.

Um conto muito interessante, nos mostra que quem pensa no bem do próximo está sempre de mãos dadas com o sucesso. Veja que reflexão profunda este texto de autor desconhecido nos mostra neste sentido:

"Conta-se que um rei que viveu num país além-mar, há muito tempo atrás, era muito sábio e não poupava esforços para ensinar bons hábitos a seu povo.

Frequentemente fazia coisas que pareciam estranhas e inúteis; mas tudo que fazia era para ensinar o povo a ser trabalhador e cauteloso.

Nada de bom pode vir a uma nação - dizia ele - cujo povo reclama e espera que outros resolvam seus problemas. Deus dá as coisas boas da vida a quem lida com os problemas por conta própria.

Uma noite, enquanto todos dormiam, ele pôs uma enorme pedra na estrada que passava pelo palácio. Depois foi se esconder atrás de uma cerca, e esperou para ver o que acontecia.

Primeiro veio um fazendeiro com uma carroça carregada de sementes que levava para a moagem na usina.

Quem já viu tamanho descuido? Disse ele contrariado, enquanto desviava sua carroça e contornava a pedra.

Por que esses preguiçosos não mandam retirar essa pedra da estrada?

E continuou reclamando da inutilidade dos outros, mas sem ao menos tocar, ele próprio, na pedra.

Logo depois, um jovem soldado veio cantando pela estrada. A longa pluma de seu quepe ondulava na brisa, e uma espada reluzente pendia da sua cintura.

Ele pensava na maravilhosa coragem que mostraria na guerra e não viu a pedra, mas tropeçou nela e se estatelou no chão poeirento.

Ergueu-se, sacudiu a poeira da roupa, pegou a espada e enfureceu-se com os preguiçosos que insensatamente haviam largado aquela pedra imensa na estrada.

JOSÉ PAULO

Então, ele também se afastou sem pensar uma única vez que ele próprio poderia retirar a pedra.

E assim correu o dia...

Todos que por ali passavam reclamavam e resmungavam por causa da pedra no meio da estrada, mas ninguém a tocava.

Finalmente, ao cair da noite, a filha do moleiro por lá passou. Era muito trabalhadora e estava cansada, pois desde cedo andava ocupada no moinho, mas disse a si mesma:

Já está escurecendo, alguém pode tropeçar nesta pedra e se ferir gravemente. Vou tirá-la do caminho. E tentou arrastar dali a pedra. Era muito pesada, mas a moça empurrou, e empurrou, e puxou, e inclinou, até que conseguiu retirá-la do lugar.

Para sua surpresa, encontrou uma caixa debaixo da pedra. Ergueu-a. Era pesada, pois estava cheia de alguma coisa. Havia na tampa os seguintes dizeres: "esta caixa pertence a quem retirar a pedra".

Ela a abriu e descobriu que estava cheia de ouro.

O rei então apareceu e disse com carinho:

Minha filha, com freqüência encontramos obstáculos e fardos no caminho.

Podemos reclamar em alto e bom som enquanto nos desviamos deles, se assim preferirmos, ou podemos erguê-los e descobrir o que eles significam.

A decepção, normalmente, é o preço da preguiça.

Então, o sábio rei montou em seu cavalo e, com um delicado boa noite, retirou-se."

A jovem deste conto preocupou-se como o próximo e agiu pensando em quem pudesse ser prejudicado por aquela pedra. Toda vez que agimos pensando no bem do outro somos recompensados. Uma árvore que dá bons frutos alimenta muitas pessoas, e automaticamente as pessoas cuidam dela, nutrem e jamais a cortam. Mas uma árvore espinhosa geralmente é derrubada pois de nada adianta a não ser machucar. Com que tipo de "árvore" você está se relacionando?

Ao longo do tempo eu tive vários insucessos com algumas pessoas. Acreditei, investi tempo, apoiei em vários sentidos, mas elas não correspondiam e, geralmente, as pessoas que não correspondem são aquelas que têm um desvio comportamental, ou um mente negativa.

Eu percebi nesta caminhada que as pessoas são ativos importantes para o sucesso, afinal elas que estarão junto com você nas "batalhas", então é fundamental saber quem são as pessoas que estão te acompanhando. Uma máxima que trago comigo é: eu gosto de fazer amigos no trabalho, mas não trabalhar com amigos, pois quando estabeleço uma amizade no ambiente de trabalho e em prol do resultado em comum é sinal de que estou sendo um líder de bom relacionamento.

Na maioria das vezes, ao trazer um amigo do seu convívio social para dentro do ecossistema de trabalho, automaticamente você traz a afinidade e a forma de tratar de fora para dentro da empresa, o que pode dar problemas por frustrações ou por não atender às expectativas, por exemplo.

Um excelente amigo pode não ser um bom companheiro de trabalho, isso pode prejudicar os resultados e principalmente a amizade.

Por diversas vezes alterei as diretorias das empresas que presido e até hoje altero, pois é necessário extrair o melhor de cada um e colocá-los na posição correta para desenvolver um bom trabalho, e com um bom relacionamento e amizade "profissional" um líder consegue isso com tranquilidade, todos entendem que o propósito é o resultado.

Se tem algum conselho aqui que eu possa lhe dar é que analise bem as pessoas em quem você investirá seu tempo, veja os frutos delas. E sabe o porquê disso? Simplesmente porque você pode estar perdendo seu tempo, sua energia e até mesmo seu dinheiro investindo em quem não quer ter resultados. E tempo é vida!

Sem um bom time você não tem resultado, o que move um empreendimento são os ciclos positivos de resultados, sem pessoas de bons frutos isso não ocorrerá.

Além de pessoas, é importante que você entenda que os resultados positivos não estão ligados ao que gostamos de fazer, e sim no que precisa ser feito. No meu ciclo de insucessos e adversidades eu aprendi que alguns fatores são preponderantes para um resultado de sucesso.

Primeiramente precisa ser feita uma pesquisa minuciosa sobre o mercado em que pretende atuar, sobre os cases de sucesso, se há espaço no mercado e se você está preparado financeiramente para enfrentar os desafios até que sua empresa atinja o ponto de equilíbrio. Em outras palavras isso significa manter a empresa até que ela se pague. Outro ponto importante é analisar quanto tempo depois de atingir o ponto de equilíbrio financeiro sua empresa dará o retorno de tudo que você investiu.

Você deve ter a certeza de que domina e entende o segmento em que escolheu atuar, e volto a ressaltar dizendo que o que você gosta na maioria das vezes não é o que terá sucesso, por isso o estudo do segmento é vital. Faça o que é preciso, e não o que você gosta, estamos falando de empreendimento, e não de lazer.

Depois de analisados os pontos acima, você deve ter atenção redobrada em custos, margem de lucro, operação enxuta, demanda, se o que planeja é escalável e por quanto tempo. Qualquer desequilíbrio em um desses fatores pode te levar ao insucesso.

Para ficar mais claro, eu sempre costumo dizer que o fluxo de caixa é o pulmão da empresa e as despesas eu comparo a uma hemorragia, mas sabe o que isso quer dizer? Que a receita é o ar que te mantém vivo, mas de nada adianta ter receita se as despesas vão crescendo com o tempo. Despesas são como hemorragia que mata sua empresa lentamente, pois em sua maioria elas são imperceptíveis e silenciosas, quando se percebe já não há mais volta.

É necessário ter equilíbrio em tudo, certamente é impossível fazer tudo com excelência, então prefira fazer poucas coisas com alta qualidade ao realizar precariamente muitas.

Quando você perceber que está tendo bons resultados, inicia-se um ciclo também de coisas boas, tais como:

José Paulo

melhores pessoas se aproximam, muitas oportunidades aparecem e isso mantém tudo funcionando em harmonia.

E mais! Tenha um caminho já certo a seguir, não invente, apenas aprimore e supere-se.

UM LÍDER EFICAZ

Conforme os resultados foram aparecendo, as minhas responsabilidades foram aumentando, o número de pessoas que caminhavam comigo começou a aumentar e eu tinha que liderar com efetividade.

O grande defeito de muitos empreendedores é alcançar um patamar, trancafiar-se em uma sala com um título de presidente e achar que as coisas funcionam sozinhas. Tire isso da sua mente, um líder verdadeiro vai a campo, inspira e dá exemplo por meio de atitudes e bons resultados. Uma coisa é entender de liderança, outra coisa é viver a liderança.

Não falo aqui de uma liderança imperativa, muito pelo contrário, estar exatamente onde as coisas acontecem, com muita humildade, mas energizando as pessoas. Um liderado que vê em você atitude, que você realmente faz o que fala e tem resultados vai querer ser igual a você e ter os mesmos resultados.

Há um método conhecido como "Gemba" que em sua essência complementa o parágrafo acima. Gemba significa: "local onde as coisas acontecem". Um líder eficaz deve aplicar esse método, afinal ficar atrás da mesa não lhe garante uma gestão efetiva.

Ao receber uma notícia da existência de algum problema em uma operação, seja ela qual for, tenha certeza de que ela pode ter ruídos que escondem a realidade, ocultam detalhes vitais para o bom andamento do trabalho.

Se há um problema para ser resolvido e você é o líder, esteja no local, levante você os fatos e tenha sua visão sobre o ocorrido; a partir disso, delegue e sua equipe resolverá as coisas com senso de urgência. Esse método otimiza a resolução de problemas e evita prejuízos inesperados.

Entenda que nada substitui a presença de um líder e sua função é transmitir conhecimento, segurança e principalmente mostrar para o liderado que ele está em um solo fértil, bem orientado e que seu futuro será excelente.

Eu me lembro de uma noite de ano-novo em que, enquanto os fogos anunciavam o novo ano, eu estava juntamente com minha equipe, instalando cabos de rede para uma nova estrutura de trabalho, e todos estavam com a mesma energia e disposição, era vital eu estar ali.

Outro grande erro de muitos empreendedores é não treinar pessoas, não transferir conhecimento, não desenvolver o seu time. Se isso não ocorre, você não cria sucessores e você ficará preso a um ou dois empreendimentos. Não tenha medo ou vaidade de passar para frente tudo aquilo que você já aprendeu, deixe a pessoa sempre pronta para o próximo degrau. Se o seus liderados crescem, o resultado é o seu crescimento.

Separar um tempo para atração, motivação e orientação de pessoas, além de uma grande responsabilidade trata-se de um valioso investimento na perenidade do seu negócio. Faz parte também da liderança oferecer oportunidades que tirem as pessoas do comodismo, desafios que de fato as façam ir além do que elas imaginam.

Suas palavras falam, mas seus atos como líder gritam, o que você faz será multiplicado, jamais você poderá ser reativo, sempre proativo, agir com rapidez, dinâmica e assertividade. Entenda, você quem vai imprimir o ritmo do seu time e, mesmo que em algum momento você não esteja presente, eles devem ter a consciência do que você faria se ali estivesse.

Uma vez, logo no recomeço dos empreendimentos meu escritório era dentro da minha casa, trabalhava eu e mais um colaborador. Em um dia de muito calor ele se queixou que o rendimento estava baixo em virtude da alta temperatura e na sala só tinha um ventilador. Na mesma hora eu direcionei o ventilador apenas para ele. O que isso tem a ver com liderança? Muito, pois, além de resultado, um líder deve entregar aos seus liderados ferramentas e um bom ambiente para atingi-los. Esse colaborador hoje é um dos vice-presidentes da nossa companhia.

Então, se eu posso lhe dar um conselho sobre liderança que eu considero capital é: esteja presente, não deixe o ritmo cair e não tenha nenhuma pendência com seus liderados. Seja incansável, atenda a todos (sem cometer ingerência), agite toda a equipe. Procure conhecer cada perfil e trate cada um de acordo com seu sonho e seu objetivo.

Transparência e franqueza também devem fazer parte do seu dia a dia para uma liderança eficaz, seu liderado saberá exatamente aquilo que você quer dele e onde quer que ele melhore. Eu digo que o feedback é o alimento diário dos campeões, os que assimilam esses direcionamentos estarão com você no topo.

Hoje eu conto com uma equipe de mais de 750 colaboradores diretos e 350 indiretos, com este estilo de liderança formei duas dezenas de sócios que saíram da operação para um cargo de alta diretoria. Além deles conto com uma centena de líderes e possíveis sócios. Ou seja, eu foco no negócio, eu trabalho o negócio, eu formo pessoas para atividades-chave nas empresas, um gerente, outros diretores e assim vou liderando e expandindo os empreendimentos.

Vale dizer que um empreendedor não pode focar apenas em negócios, você deve empreender muito em pessoas, pois são elas que, quando são bem direcionadas e têm seus sonhos alinhados, farão tudo acontecer. O maior prazer não está no resultado financeiro de tudo isso, mas no desenvolvimento e na realização do sonho de cada uma dessas pessoas.

O RAIO-X DA ALMA

Lucas 6

43 Não existe árvore boa produzindo mau fruto; nem inversamente, uma árvore má produzindo bom fruto. 44 Pois cada árvore é conhecida pelos seus próprios frutos. Não é possível colherem-se figos de espinheiros, nem tampouco uvas de ervas daninhas. 45 Uma pessoa boa produz do bom tesouro do seu coração o bem, assim como a pessoa má produz toda a sorte de coisas ruins a partir do mal que está em seu íntimo, pois a boca fala do que está repleto o coração.

Aprendi durante a vida que pessoas excelentes atraem pessoas excelentes e o contrário também é verdade, isso é tão importante para mim, que está presente nos princípios de gestão que você já teve a oportunidade de ler.

Antes de escolher uma pessoa para estar em meu time sempre faço o que chamo do "raio-x da alma", uma forma de conhecer as pessoas, seja para o âmbito profissional quanto para o pessoal. Inclusive, no Grupo Ideal Trends estabeleci um processo de seleção de pessoas muito rígido, com diversas fases e a análise central está nos frutos que essa pessoa dá e já deu pela sua jornada.

Neste processo de seleção, por exemplo, buscamos referências com todos ex-empregadores, com dados fornecidos pelo próprio candidato, essas referências ajudam a acompanhar a trajetória profissional da pessoa e ter o mínimo de erro. Após isso o candidato passa por três ou quatro entrevistadores e se a decisão não for unânime, por mais excelente que a pessoa seja, não contratamos.

Para um médico identificar uma lesão, um problema interno, ele geralmente recorre ao "Raio-X", isso porque a olho nu não há como estabelecer um diagnóstico, pois é superficial, faz-se necessário olhar através dos tecidos até os ossos e detectar o interior.

Falo do raio-x da alma, pois tenho uma grande cautela para estabelecer um relacionamento com as pessoas, ao mesmo tempo que elas podem construir coisas boas e nutrir o bem no dia a dia e isso é da essência delas, existem pessoas que destroem coisas e contaminam o próximo, por isso, antes de se relacionar ou fazer negócios, procure conhecer as pessoas pelos seus frutos e você não terá surpresas desagradáveis, ou evitará a maioria delas.

Ao citar frutos estou falando da análise profunda, das realizações profissionais que já teve, realizações pessoais, o comportamento familiar, o pensamento sobre viver em sociedade, quais são os valores e princípios que baseiam sua vida. O principal ponto é analisar se ao longo da vida essa pessoa deixou um bom legado, e não falo só do legado material, mas o que essa pessoa deixou de bom para o próximo.

Para clarificar essa minha visão de bons frutos, estou falando do bom filho, bom marido, bom pai, boa filha, boa esposa, boa mãe, bem como aquela pessoa que pelas empresas que passa cria raiz e permanece por um bom tempo desenvolvendo seu trabalho. Uma pessoa que faz bem à comunidade onde está inserida, preocupando-se com o bem-estar de todos, ou seja, pessoas que deixam boas marcas e impactos bons ao mundo.

Quando a pessoa é boa em sua essência você não a encontra murmurando ou lamuriando, na realidade ela vai em busca de soluções e consequentemente encontra o sucesso, e muitas vezes faz isso em silêncio e pensando no bem do todo e com muita felicidade. Logo abaixo vou transcrever um conto de autor desconhecido e você vai entender um pouco o que quero dizer neste parágrafo:

Um conto muito interessante nos mostra que quem faz as coisas acontecerem e o ambiente são pessoas, o autor também é desconhecido, mas a lição nos mostra quão importante ter uma mente boa, positiva e entusiasta. Veja:

Um viajante, ao chegar à cidade, pergunta ao sábio:

— Senhor, como é esta cidade?

— Primeiro diga você, jovem viajante, como é a cidade de onde vens? — questiona o sábio.

— A cidade de onde venho é horrível, não tem oportunidades, as pessoas são rudes e não fiz nenhum amigo durante minha estadia nessa cidade, por esses motivos estou atrás de uma cidade diferente, uma cidade que me dê oportunidades, onde eu possa ser feliz e realizado.

— Nossa cidade é exatamente igual à cidade de onde você vem! — responde o sábio.

O viajante, bastante decepcionado com a resposta do sábio, pega sua mochila e vai embora, em busca de uma cidade diferente da cidade de onde vem.

Cerca de duas horas depois chega outro viajante e, após ser recepcionado pelo velho sábio, questiona:

— Olá! O senhor que vive há tanto tempo nesta cidade pode me responder. Como é esta cidade?

O sábio então questiona ao segundo viajante:

— Primeiro me diga você, como é a cidade de onde vens?

— A cidade de onde venho é maravilhosa, fiz muitos amigos, tive excelentes oportunidades de emprego e de aprendizado. Estou agora em busca de novos desafios, aprendizados diferentes, novas experiências e novos obstáculos a transpor.

O sábio então responde:

— Nossa cidade é exatamente igual à cidade de onde você vem!

Contente o viajante dirige-se à pousada mais próxima e instala-se na cidade. Perplexo com as situações que *acabou de presenciar, o neto do velho sábio, que estava junto a ele naquela tarde, questiona:*

— Vovô, o senhor que sempre foi um exemplo de honestidade e integridade, sempre me ensinou a não mentir, mas para um dos dois viajantes o senhor mentiu! Deu a mesma resposta para duas cidades totalmente diferentes.

— Não, meu neto, eu não menti. Nossa cidade não é diferente de nenhuma outra cidade, as cidades são todas iguais, com pessoas rudes e pessoas amáveis, com oportunidades e desafios, o que determina se uma cidade é boa ou ruim é a forma como você a enxerga.

Você carrega sua cidade dentro de você!

Não importa o lugar se a essência das pessoas for boa, ela torna o lugar bom e os desafios agradáveis. Você quem escolhe carregar o fracasso ou o sucesso dentro de você.

PRINCÍPIOS E CULTURA

Muitas pessoas me perguntam como consigo gerenciar dezenas de empresas e centenas de pessoas, todas com resultados, colaboradores engajados e sempre em crescimento. Diversas dessas pessoas perguntam qual a missão, visão e valores que eu implantei, qual é o segredo para que toda engrenagem funcione mesmo longe dos seus olhos.

Para responder a essas perguntas quero falar um pouco sobre minha série de filmes predileta: Star Trek — Jornada nas Estrelas. Nos filmes, os tripulantes da nave Enterprise tinham princípios e não abriam mão deles, que eram:

"Espaço - a fronteira final. Estas são as viagens da nave estelar Enterprise. Em sua missão de cinco anos... para explorar novos mundos... para pesquisar novas vidas... novas civilizações... audaciosamente indo aonde nenhum homem jamais esteve."

Meu personagem predileto era o capitão Kirk, cuja postura é estudada até hoje na academia de West Point. Ele era o guardião desses princípios, mas, além disso, nunca deixava de aprender algo novo e ensinar, pedia conselhos sempre para o bem da missão e valorizando seus companheiros, mantinha a chama acesa, colocava-se à frente da equipe em qualquer situação, seja ela boa ou ruim, com avaliações rápidas e bons resultados.

Acima de tudo Kirk carregava a missão no coração, vestia a camisa, sua família era a tripulação e a nave, mas acima de tudo ele defendia com unhas dentes os princípios.

Uma cultura para dar certo tem que ser vivida primeiramente pelo líder, assim ele chegará com sua equipe aonde jamais alguém esteve.

Eu vivo a cultura e os princípios e não abro mão disso, eu confio nas pessoas que estão comigo, elas são meus olhos e vou além, a empresa não é minha, é delas também, é das empresas que emana o sustento de cada uma delas. Mais do que um quadro na parede com missão, valores ou princípios, eu preciso ter pessoas que vivam isso no seu dia a dia e repito: eu me cobro diariamente para ser o primeiro a viver.

De vários princípios eu sempre destaco a liderança pelo exemplo, o trabalho duro, a meritocracia e principalmente a integridade. Eles podem ser entendidos por todas as pessoas, mas se não forem vividos de nada adianta, será apenas um quadro empoeirado na parede da empresa.

Não se implanta uma cultura em uma empresa, você planta uma cultura e vai cultivando para que ela cresça junto com seu empreendimento, até que seja a essência do seu negócio. Cada colaborador, não importa o cargo, deve viver os princípios de gestão estabelecidos. Os novos que chegam devem enxergar, nos que já estão, que viver os princípios é o caminho para o sucesso dentro do Grupo Ideal Trends.

Algo implantado é muito raso, alguém veio e inseriu ali em um ecossistema e, se ele for ruim, o que foi implantado será contaminado. Agora uma cultura plantada desde o início de tudo, ela enraíza e cresce de forma saudável. A própria palavra "princípio" já nos direciona a algo ligado a raiz, ao início. Se eu vivi e me cobrei viver esses princípios,

José Paulo

tive sucesso e provei que eles são os segredos do sucesso, quem chegou depois aderiu e também foi bem-sucedido.

É claro que durante minha jornada como empresário teve pessoas que não se adequaram aos princípios e cultura de trabalho e se foram, por mais excelente que a pessoa seja, se ela não se enquadrar, não fica. É um processo natural e você começa a atrair os iguais, pessoas boas, com integridade, que respeitam o sucesso do colega, que aplaudem quando um é promovido ou conquista algo e, principalmente, preocupam-se com o todo.

Quando você cultiva esses princípios, jamais um novo colaborador pode nos primeiros dias ficar longe deles, ele deve de imediato ser impactado com a essência e os resultados que tudo isso traz. E quem já está deve mostrar a ele o brilho nos olhos e veracidade com que tudo funciona.

Trabalhar a mentalidade das pessoas dentro dessa cultura é muito importante, uma mentalidade de produtividade, de pensar como dono, dentro de uma meritocracia de quanto mais se produz mais se ganha, não só valores monetários, mas em desenvolvimento intelectual também. Quando as pessoas entendem esse mecanismo e dentro da cultura empresarial isso é vivido e aplicado, você sempre terá pessoas motivadas querendo enfrentar novos desafios e o crescimento dos negócios é exponencial.

Quer ter sucesso? Plante uma cultura baseada na integridade, no trabalho duro, na produtividade e na meritocracia, a partir disso transforme seus colaboradores em pequenos empresários, cada um na sua área de atuação.

CONSTÂNCIA

O mundo mudou e de fato as informações e transformações estão mais rápidas. O grande erro da maioria das pessoas é o desejo de que as coisas aconteçam imediatamente. Na realidade, o grande mal que assola o pensamento das pessoas neste século é o imediatismo.

Mas se você quer construir algo sólido e perene, jamais deixe de ser constante. Constância e paciência andam de mãos dadas quando se quer empreender, seja em um negócio ou em pessoas, a constância de suas ações é quem determinará seu sucesso.

Constância é fundamental para resultados extraordinários. Imagine que uma pessoa quer aprender a tocar piano e se dedica aos estudos da música, trinta minutos por dia por cinco anos, com certeza será um exímio pianista. O mesmo exemplo para quem quer aprender um idioma, dedicar uma hora do seu dia durante três anos, com certeza dominará a nova língua.

Não adianta as pessoas acreditarem que irão tocar piano ou dominar um idioma fazendo um curso intensivo de trinta dias estudando 10 horas por dia, pois ela vai saturar, vai se cansar e não terá resultado. Ações isoladas ou pontuais levam ao fracasso, o hábito caminha de braços dados com o sucesso.

Constância é irmã gêmea da disciplina. Outro exemplo, eu quero ter uma boa condição física, mas de nada adianta eu treinar oito horas por dia durante 10 dias apenas, não funciona. O que vai me trazer esse resultado é uma hora de treino, três vezes na semana e fazê-lo com disciplina durante dezenas de meses.

A constância é a ponte que liga os objetivos das realizações. Fazer o que tem que ser feito para atingir o resultado. Obter as coisas de forma imediata, com atalhos, sem seguir um processo, um caminho bem detalhado, uma construção diária, com certeza o resultado será a ruína.

Afirmo com toda certeza que, se compararmos a *inconstância* com uma crise econômica, constataremos que a inconstância gera muito mais empresários falidos.

A constância gera aprendizado dia a dia, pois se há uma barreira agora, pode ter outra maior lá na frente, se não enfrentar a atual pode ter problemas maiores no futuro e não saber como lidar com eles.

Um tema muito importante é a constância de propósitos também. Você deve ser um gerador de inovações e melhorias a todo tempo. Entenda, clientes sempre esperam serviços melhores, investidores bons e novos resultados, seus colaboradores anseiam por novas oportunidades e crescimento.

A constância mostra que você tem uma visão clara do futuro, metas, objetivos, desafios, recursos e contribuição na vida das pessoas. Com isso você estabelece uma base sólida de trabalho ditando o ritmo, seja de uma microempresa ou de um grupo milionário.

Não confunda constância com determinação, durante a jornada algumas coisas não darão certo, podem não sair conforme projetado, neste momento que entra a constância. Você não pode baixar a guarda, o boxeador que vence a luta nem sempre é o que mais bate, e sim o que fica em pé.

Há um ponto muito importante que eu quero que você saiba: existem pessoas geniais, inteligentes e criativas, essas qualidades são fantásticas, mas não asseguram o sucesso. No entanto, quando você observar pessoas de sucesso com certeza certificará que há algo em comum entre elas: constância, disciplina e persistência.

INTEGRIDADE

Vale mais ter um bom nome do que muitas riquezas; e o ser estimado é melhor do que a riqueza e o ouro.

Salomão

Eu quero juntamente com você, leitor, refletir sobre o principal pilar do sucesso: a integridade, que em sua essência trata-se da qualidade de conduta reta e justa das pessoas, algo por inteiro. Um adjetivo que descreve alguém de honra, que age com transparência e franqueza.

Integridade para mim é aquilo que é completo, inteiro, que não tem duas faces, aquilo que é o mesmo, em qualquer lugar, hora e tempo.

Uma das coisas que mais me chama atenção é o significado da palavra integridade em hebraico, um dos sentidos da palavra nesse idioma é: "aquilo que é sincero de coração e intenção, aquilo que é verdade, aquilo que é reto".

A integridade é a base para qualquer relação humana saudável e duradoura, seja profissional ou pessoal, porque todo mundo quer se relacionar com alguém que é verdadeiro em todos os lugares.

É temeroso você se relacionar com alguém que na sua presença é de um jeito e na sua ausência é de outro. Na realidade, você não está relacionando-se com uma pessoa íntegra, inteira, porque ela muda de personalidade de acordo com o ambiente e com as pessoas com as quais está relacionando-se naquele momento.

As ações de uma pessoa íntegra inspiram confiança, comunicam com sua fala, com seus bons frutos, com as raízes que cria por onde passa e com as portas abertas que ela deixa. Entenda, não existe pessoa de sucesso sem integridade, se não é íntegro é um oportunista, e não um bem-sucedido.

Em uma empresa, para que a gente possa compartilhar sonhos, projetos e realizações é preciso pessoas íntegras e integridade nas relações. Imagina você compartilhar projetos com alguém que não é íntegro, essa pessoa faz um projeto com você, mas ao mesmo tempo passa informação para o mercado, transfere dados para o concorrente. Essa pessoa diz que está com você no projeto para o que der e vier, mas não está de coração e intenção, trata-se apenas de interesse financeiro, interesse no curto prazo enquanto for conveniente a ela.

Então, integridade é a base para a construção de qualquer projeto, acontece quando as pessoas têm o mesmo objetivo, quando você traça uma meta e você tem a certeza de que as pessoas estão com você de coração e de intenção. Aconteça o que acontecer rumo à realização dos sonhos.

Do ponto de vista empresarial, a integridade é visível nas pessoas que seguem as normas, procedimentos, métodos e estratégias. Uma pessoa que busca a verdade acima de tudo é transparente e confiável, que se comporta da mesma forma em todos os locais da organização, o que infelizmente está em falta hoje em muitas empresas.

Um economista chamado Francis Fukuyama escreveu um livro chamado "O custo da desconfiança", há uma excelente explanação exemplificando que em países onde existe muita desconfiança entre as pessoas o custo é muito alto para todos os envolvidos, porque demanda muita auditoria, têm altos custos de verificação. Agora, o inverso também é verdadeiro, países onde você tem confiança entre as pessoas, onde a lei funciona, onde as pessoas respeitam o Estado e o próximo, as coisas acontecem com velocidade, por isso o grande desenvolvimento.

Um dos maiores investidores do mundo, Warren Buffett, fechou um negócio que demoraria dezenas de meses para se concretizar em 2 horas, porque ele confiava em quem estava vendendo a empresa para ele. Como tinha confiança, integridade e lealdade, houve velocidade na operação, dispensaram-se auditorias e verificações.

Com integridade você consegue montar um projeto para alguém sem ficar preocupado com tantas proteções e segurança, porque você sabe que está lidando com pessoas honestas, corretas e que realmente são as mesmas em qualquer lugar.

A integridade não deveria ser uma exigência, e sim algo natural, mas infelizmente não é isso que acontece no dia a dia, principalmente no mundo corporativo. É redundante, mas a sua integridade começa em ser honesto primeiramente com você e depois com o próximo. E apenas entender esse adjetivo de nada adianta, mas vivê-lo lhe trará resultados "eternos".

FÉ

Fé nos negócios

Um empreendedor ou vendedor, por exemplo, precisa ter fé em cinco coisas: acreditar que tem um ótimo produto, que está em uma ótima empresa, que ele é um ótimo profissional, que trabalha em um ótimo mercado e possui as melhores propostas. É necessário acreditar para passar a verdade, a fé é você conseguir passar para seus fornecedores e clientes a verdade.

Uma das formas de aumentar a sua fé é por meio do conhecimento daquilo que você está desenvolvendo, e isso vem por ouvir pessoas, experiências, livros, palestras e com certeza sua crença no negócio vai aumentar.

Eu, por exemplo, exercito a minha fé constantemente. Desde o ano 2000 eu tenho um quadro de metas e com ele eu olho para aquilo que eu construí e para a situação atual, isso fortalece a minha crença de que se eu quero, eu posso, porque eu trago a meta do campo das ideias para o campo das realizações.

Grandes empresários fortalecem a sua fé até por meio do exemplo deles mesmos, afinal eles conseguiram, acreditaram em algum momento. O mundo é daqueles que têm fé e realizam, como John Davison Rockefeller, que foi um investidor e empresário norte-americano que revolucionou o setor do petróleo, Andrew Carnegie, o rei do aço, Cornelius Vanderbilt II, um empreendedor americano que construiu sua fortuna por meio da marinha mercante e da construção de ferrovias, Steve Jobs, um inventor, inovador e empresário americano no setor da informática que dominou o mercado mundial, entre outros.

Então, aqui há uma questão para você, leitor: "Nós temos que ver para crer ou crer para ver?".

É claro que nós temos que crer para ver, quem não crê não vê!

MINHA FÉ

"Ora, a fé é o firme fundamento das coisas que se esperam, e a prova das coisas que se não veem."

Hebreus 11:1

Eu respeito todas as crenças, mas não posso deixar de falar um pouco sobre o que eu creio. Sou cristão e minha fé está baseada nos princípios bíblicos, mas eu tenho muito claro que de nada adianta uma Bíblia aberta em uma mesa, pois meus atos falam mais do que as palavras.

Dentro da minha fé, eu creio em Deus, o criador de todas as coisas, e que todas as coisas cooperam para aqueles que estão dentro do propósito de Deus. Diante disso, eu desdobro essa fé para todas as áreas da minha vida, tenho certeza de que Deus me deu uma esposa ideal, fé que tenho filhos maravilhosos, fé que estou cercado de boas pessoas trabalhando comigo e fé que trabalho em uma grande empresa. Eu acreditei em tudo isso antes de ver.

Digo isso porque na vida sempre existem duas criações: a mental, quando você imagina, e a segunda criação quando você materializa esse pensamento. É como construir um prédio, imagina-se primeiro, mas quando começa a desenhar já começa a materialização. Um grande teólogo chamado John Stott diz que "crer também é pensar", fomos criados com a capacidade de raciocínio e devemos usar de forma prudente, sensata e honrosa.

A essência da minha fé é de um Deus que fez tudo para ir bem, um Deus que quer o bem de todas as coisas. Pense no corpo humano, a perfeição no funcionamento de cada órgão e de cada função. Minha fé é de que somos filhos de um criador, portanto somos minicriadores, somos a única criação que raciocina, que é criativa e construtora. Acredito que estando alinhado com as leis universais de Deus, usando bem aquilo que Ele nos deu, que é a fé e o pensamento, temos tudo para ir bem e ter sucesso em qualquer área da vida.

UM GRUPO EMPRESARIAL SÓLIDO

"Nenhum ser humano é capaz de dar uma boa explicação sobre isso. Mas os olhos nunca se saciam de ver, nem os ouvidos de escutar."

Salomão

Tendo como princípios pessoais integridade, constância, fé e trabalho duro, comecei a colher resultados, ampliei minha visão para empreender sem deixar de lado meu objetivo de que devo mudar a vida da maioria de pessoas para que a minha fosse transformada.

Com algumas empresas consolidadas, escolhi o nome Grupo Ideal Trends, que para mim e para a cultura implantada tem um grande significado em sua essência. Em uma tradução simplista seria "Tendência Ideal", mas para todos que estão envolvidos vai além disso.

"Ideal", que vem da excelência em todas as áreas, de estar no topo em tudo que se propõe a fazer, de algo por inteiro, de intenção e coração baseado na integridade, assunto que nós já dissertamos a respeito, e a minha fé, entendendo que na perfeição apenas Deus é ideal.

E "Trends", que são as tendências, as pessoas sempre querem ver coisas novas e ouvir coisas novas, é uma necessidade do ser humano. Ele compra um carro hoje e amanhã ele já está buscando outro mais inovador, não só carro, mas tudo que o permeia neste mundo deve se inovar para despertar o desejo.

O Rei de Israel, Salomão, diz em um dos seus escritos que o homem pode se cansar, mas que os olhos e os ouvidos não se cansam. Ele está falando de inovação constante. E no Grupo Ideal Trends a palavra inovação faz parte do dia a dia, é assim que fidelizamos colaboradores, clientes e parceiros de negócio.

No empreendedorismo há um fenômeno interessante: à medida que você vai conhecendo novos negócios, que são mais lucrativos e escaláveis em relação aos que você já possui, a decisão de direcionar um tempo maior a esses negócios mais lucrativos e com maior potencial de crescimento, em algum momento esse novo empreendimento absorverá um outro que já não lhe traz grandes resultados, mas você não para de crescer.

Um conselho do Rei Salomão há cerca de 2.900 anos:

"Empregue o seu dinheiro em bons negócios e com o tempo você terá o seu lucro. Aplique-o em vários lugares e em negócios diferentes, porque você não sabe que crise poderá acontecer no mundo." (Eclesiastes 11.1)

No caso do Grupo Ideal Trends, hoje, possuímos mais de duas dezenas de empresas e projetos, seis destas empresas são altamente lucrativas e outras quatro alcançando este patamar de lucro. As outras empresas e projetos estão em fase de consolidação e implantação, sempre observando tendências e inovação.

Vale salientar que, como empreendedor serial, eu construo empresas não para vender, você, leitor, já sabe que minha missão é ajudar pessoas a se desenvolverem, então eu divido a empresa com pessoas que me ajudaram a construí-la, pois é a melhor forma de fortalecer o negócio, as pessoas envolvidas e consequentemente a sociedade.

Uma máxima da qual eu não abro mão é a de que dividindo que se multiplica, essa é a filosofia mesmo recebendo dezenas de ofertas milionárias pelos negócios desenvolvidos.

Hoje conto com o IDEAL LAB, nosso laboratório de inovação. Todas as estratégias de crescimento do grupo são discutidas dentro dele, seguindo uma metodologia americana difundida por Eric Ries, que se baseia em projetos inovadores com processos enxutos para dar prioridade a demandas do mercado, evitando perder tempo, recursos e dinheiro. Empreendedores devem utilizar-se de inovação contínua, criando empresas bem-sucedidas e altamente lucrativas.

Ter um laboratório de inovação faz parte da estrutura de grandes grupos e grandes empresas. Diversas instituições bancárias adotaram este método; no Brasil uma grande rede de varejo, o Magazine Luiza, adotou a estratégia e buscou ideias de todo nível hierárquico da corporação, e com essa iniciativa em 32 meses suas ações tiveram um crescimento de admiráveis 15.467%, para a felicidade e o sucesso dos acionistas.

Agora um breve resumo do que é o Grupo Ideal Trends para que você, leitor, tenha uma ideia de tudo que oferecemos para nossos colaboradores, parceiros e clientes.

Quero começar pela Doutores da Web, que hoje é uma gigante no Marketing Digital focada em estratégia de busca de palavras na Internet. Temos também o Busca Cliente, que trabalha com foco em estratégia de busca de imagens também na Internet.

Um grande sucesso também é o Soluções Industriais, que é o maior portal industrial da América Latina, lembrando que todas a empresas têm como missão gerar negócios aos nossos clientes. O Cliente Ideal é uma ferramenta para prospecção ativa de clientes. Na mesma linha do Marketing Digital, temos o recente sucesso que é o Ideal Marketing, que oferece uma plataforma revolucionária de Automação de Marketing.

Já diversificando os mercados atuamos também na área da Saúde, começando pelo Ideal Odonto, uma operadora odontológica regulada pela ANS, com técnicas inovadoras de crescimento sempre focado em vendas. E ainda nesta linha temos o Cartão Ideal, focado na saúde popular, permitindo consultas médicas a um valor acessível.

A Vue Odonto é uma rede de clínicas odontológicas focada em estética bucal, com tratamentos inovadores, trazendo o que há de mais moderno no mercado de tratamento dentário. O Clínica Ideal é um sistema composto por cinco pilares que elevam a gestão de uma clínica odontológica a outro patamar, esses pilares são: Marketing, Gestão, Sistema, Fornecedores e Networking.

Além disso, temos projetos como Doutor Ideal, que são clínicas médicas de medicina popular de fácil acesso e sem burocracias. O Ideal Pet Care que oferecerá plano de saúde para animais domésticos.

Outro segmento rentável que atuamos no Brasil e nos EUA é o de cosméticos e bem-estar, por meio da empresa Anne Caroline Global, que oferece ao mercado produtos inovadores, desenvolvidos em laboratório próprio com o uso da nanotecnologia, distribuídos ao mercado por meio de vendas diretas pela estratégia de marketing multinível, mercado este considerado por grandes investidores como o negócio do século XXI.

Atuamos também em projetos como o Férias em Orlando, que são casas de veraneio em Orlando, o maior centro de entretenimento do mundo. Oferecendo aos clientes conforto e segurança em sua viagem.

Temos também o Ideal Trends Investments, trabalhando no mercado de ações em busca de grandes resultados. Na área financeira ainda temos o Ideal Pay, uma plataforma completa de pagamento com muitas inovações que facilitam as transações entre clientes e fornecedores.

Na área educacional temos o projeto Ideal Educação, que visa capacitar empresários que desejam melhorar sua gestão empresarial, bem como o Ideal Mentor, uma plataforma de mentorias em diversas áreas da vida pessoal e/ou profissional.

Esta é uma breve explanação sobre o Grupo Ideal Trends e fica o convite para que você conheça nosso site: www.idealtrends.com.br.

No capítulo a seguir ofereço a você um material rico sobre o negócio ideal que com certeza o ajudará na construção do seu empreendimento, pois você é capaz de construir algo gigantesco e mudar vidas.

7 PILARES DO NEGÓCIO IDEAL

Quero compartilhar com você, que chegou até aqui na leitura deste livro, um estudo sobre o negócio ideal, mas antes vou compartilhar um pensamento muito interessante de um grande empresário que viveu entre os séculos XIX e XX. Ele disse:

"O melhor negócio do mundo é uma companhia de petróleo bem administrada e o segundo melhor negócio é uma companhia de petróleo mal administrada." - John Davison Rockefeller (1839-1937)

Ele quis dizer que quando uma empresa é boa, quando o segmento é bom e tem boa margem, não importa se é bem ou mal administrada, porque mesmo com deficiência na gestão dá para ganhar dinheiro.

Então, antes mesmo de falar dos sete pilares do negócio ideal é importante parar e refletir se o seu segmento de atividade tem boa margem e espaço para crescimento. Esta análise é fundamental, pois os sete pilares que eu vou explicar partem do princípio de que você tem um bom negócio em mãos.

1º Pilar - Marketing

Um conceito para Marketing é a capacidade de entender o mercado, posicionar-se para atendê-lo com eficiência, compreender a dinâmica desse mercado, como ele funciona e o que ele mais valoriza, além de criar soluções para atender esse mercado com uma qualidade superior à que seus concorrentes atendem.

E você tem várias estratégias para chegar ao mercado, eu trouxe como exemplo a matriz da MADIA, muito interessante, pois ela cita todos os "Ps" do Marketing:

Fonte: MADIA, 2014, p. 173

Você tem na primeira coluna o que chamamos de "Armas" que são os "Ps" para você trabalhar o mercado, na coluna do meio, o "Ambiente", que é um norte para você perceber o ecossistema em que está inserido, e a última coluna, "Mercado", que vai abranger a concorrência.

Vamos iniciar pela coluna de Armas, o primeiro termo é o foco (Phocus) em que você define o seu objetivo, logo em seguida posicionamento (Positioning) de mercado, ou seja, os seus diferenciais e a forma que você vai se posicionar.

Em seguida temos quatro "Ps" mais conhecidos e de extrema importância que são: Produto, Promoção,

Praça e Preço (Product, Promotion, Place e Price). Em poucas palavras significam o produto que você vai atuar, as estratégias de promoção (divulgação) que serão aplicadas, o local onde você vai trabalhar e o preço que você vai praticar.

Complementando, a primeira coluna tem as pessoas (People) que você vai trabalhar nesse negócio, os fornecedores (Providers), o importantíssimo pós-venda (Post-Place) e, por fim, as proteções (Protection) legais e jurídicas que dão segurança e base legal no desenvolvimento do empreendimento.

Desdobrando a coluna central do mapa acima, temos o acrônimo "PEST", trata-se do ambiente político, econômico, social e tecnológico, que são indicadores para você saber realmente se o ambiente é favorável para o desenvolvimento do negócio.

Em seguida temos a terceira coluna, que se refere ao mercado com o termo "Percognitiom", que nada mais é do que feedback, de todas as avaliações do seu produto no mercado. Com as informações do "Percognitiom" você vai alimentar a primeira coluna dos "Ps" iniciais.

Na parte de baixo do mapa nós temos a palavra FIDELIZAÇÃO, pois você tem sempre que fazer pesquisa de Marketing, são como bússolas, antenas, sensores e inteligência competitiva, são as ferramentas que permitem sentir o mercado e melhorar o seu processo.

Essa Matriz é prática, há um método para aplicação dela, mas no mercado muitas pessoas conhecem apenas os quatro "Ps" (produtos, promoções, preço e praça), mas, como você pode observar, temos outros fatores envolvidos em uma análise de posicionamento de mercado.

Os veículos de comunicação se resumiam aos canais de TV e as rádios, o que eu intitulo de veículos de uma única direção, pois o público não pode interagir com os emissores da mensagem, você só recebe a informação. O problema é que nesses veículos seu anúncio não necessariamente é veiculado no momento que o consumidor quer aquele produto e o público pode não ser o correto.

Na internet, como no Google, por exemplo, existe a sincronicidade, ou seja, a pessoa que procura o produto está gerando a demanda e ela encontra naquele mesmo momento a oferta, há uma sincronicidade entre a demanda e a oferta. A pessoa procura o que quer e encontra. A internet é a mãe das mídias, tudo se encontra nela com a vantagem de ser uma comunicação de dupla direção, você recebe e manda informação, isso é sincronicidade.

Quando você faz um anúncio nos meios de comunicação tradicionais, por muitas vezes a pessoa já comprou aquele item ou ainda vai despertar o desejo da compra. A internet faz com que essa interação seja muito positiva em termos de oferta encontrando a demanda.

O Marketing Digital é efetivo, é mais preciso, você tem o incremento da satisfação, experiência do cliente que dá para mensurar, medir, e com esses dados abre-se a grande oportunidade de aumentar retenção de clientes.

Você consegue personalizar o perfil do seu cliente, oferecer a ele um produto com maior qualidade e ainda trazer a ele a oportunidade de comprar produtos complementares àquele que ele deseja, isso possibilita o aumento do ticket médio (consumo do cliente) e gradativamente seu marketing aumenta de maneira eficiente por meio da precisão dos dados.

O Marketing Digital é uma ferramenta muito interessante e vital para tração e crescimento empresarial nos dias de hoje. Por meio dele você define ou redefine seu posicionamento com mais velocidade e assertividade.

Tráfego e Conversão são as duas grandezas do Marketing Digital, afinal você trabalha para gerar tráfego para seu site e na sequência sua missão é converter esse tráfego em leads, potenciais clientes, que irão gerar vendas a você.

Dentro do Marketing Digital nós temos algumas tendências, vamos falar primeiro do Marketing de Conteúdo. Criar conteúdo de valor para sua audiência é importantíssimo porque as pessoas consomem conteúdo. Especialistas em Marketing Digital consideram o conteúdo a moeda do século XXI, pois por meio de um conteúdo rico e bem elaborado você atrai pessoas e gera um relacionamento que caminhará para um funil de vendas. E, mesmo que o contato não resulte em venda no primeiro momento, deve-se manter e nutrir o relacionamento para uma possível conversão futura.

O conteúdo jamais poderá ser aleatório, ele deve ser personalizado e centrado no perfil do cliente, afinal será o primeiro contato dele com sua empresa, ou seja, a captação de bons contatos vem por meio de bons conteúdos.

A otimização do seu Marketing Digital é fundamental, ainda mais em conjunto com o objetivo de estar presente em diversos tipos de dispositivos eletrônicos. Isso porque hoje, quando você vai a um restaurante, por exemplo, as pessoas prestam mais atenção no celular do que no próprio jantar. Então, já que o usuário está procurando por informações, sua empresa tem que estar ali presente.

Os anúncios em vídeos estão em alta, as pessoas os consomem movidas pela interação com o vídeo, é um consumo passivo, as transmissões ao vivo chamam demais a atenção, o público da internet gosta de uma "live". Sem falar na onda dos influenciadores digitais, pessoas que influenciam o mercado em diversos segmentos por meio das mídias sociais.

Ao aplicar o Marketing Digital em seu empreendimento é vital você fazer uma análise completa de todos os dados com certa periodicidade, para tomada de ações e decisões. Lembrando que esses dados são gerados com muita precisão e ajudam a nortear bem o rumo do seu negócio.

Por fim, com a automação de marketing, que é importantíssima, cada vez que um lead é captado, obrigatoriamente deve-se ter um fluxo de nutrição para levar esse contato até a etapa de conversão.

É também fundamental ser zeloso com o design, sempre oferecer algo bonito e agradável, as pessoas gostam de coisas boas, a usabilidade deve ser observada, algo que seja fácil de utilizar e converter. Importante utilizar gatilhos mentais no seu texto, no seu site. Passar autoridade mostrando que você é referência no segmento, ter provas sociais com pessoas falando de você ou seu negócio, outros profissionais falando e indicando seu serviço ou produto, testemunhos de clientes satisfeitos e, por último, mas não menos importante, cases de sucesso.

2º Pilar - Vendas

Você deve fazer de sua empresa uma máquina de vendas, ativos e receptivos com receitas recorrentes. Primeira estratégia deve ser com o foco em converter contatos em negócios, toda pessoa que acessa sua página na internet, suas mídias sociais, você tem que convertê-la em alguma ponta.

Você precisa definir os canais de vendas que você quer atuar e existem vários tipos de canais, como o call center, o e-commerce, o representante comercial, a franquia, entre outros. Depois disso é necessário definir o processo de venda, o ciclo passo a passo de cada canal, desde a prospecção até o fechamento do negócio. Ter claras as etapas do Funil de Vendas, quantas etapas ele tem, inclusive existem etapas como esta que muito se relacionam com o pilar número 1, de Marketing.

Fora isso, é fundamental padronizar e validar a linguagem que o seu profissional de vendas vai usar para poder fazer a conversão do contato, ter cuidado com o Marketing Pessoal do vendedor, ele tem que ter boa postura, atitude e comunicação para poder vender, primeiramente ele tem que saber vender a própria imagem dele para depois vender o produto. A postura está atrelada à forma que ele se veste, como ele se apresenta ao cliente, ter uma atitude positiva e uma comunicação agradável, com palavras que levam para uma negociação.

Outro ponto importante é a seleção e recrutamento de vendedores, ter uma boa equipe. Uma empresa nada mais é que um grupo de pessoas, então a seleção de pessoas excepcionais é que vai gerar resultados excepcionais, assim como treinar e reciclar essas pessoas, treinamento para desenvolver habilidades e reciclagem porque de tempos em tempos as pessoas perdem habilidades. Fora que isso ajuda a manter equipe motivada e energizada para avançar.

Atente-se também para o seu "CRM", uma ferramenta fundamental de gestão de contatos e possíveis clientes, para que nada fique para trás, nutrindo-os constantemente.

3º Pilar - Produção

Você deve conciliar o máximo da eficiência operacional com um elevado grau de entrega e uma estrutura enxuta, assim como métodos e processos bem definidos para tudo. Para isso, estabeleça padrões, pois isso vai definir a régua de performance que as pessoas devem ter.

Além disso, você deve ter tudo sob controle, pois só pode ser medido aquilo que pode ser controlado e só pode ter um bom resultado aquele que você pode metrificar os resultados e direcioná-los.

Você deve ainda se dedicar ao planejamento, pois uma hora planejada é mais importante que dez dias trabalhados, um exemplo: é muito mais fácil apagar a planta de uma casa no papel do que você derrubar uma parede. Ou seja, o planejamento é fundamental para evitar retrabalho e custos desnecessários.

Qualidade deve vir antes da produtividade, afinal você deve ter a certeza de que produzirá e oferecerá algo excelente. Imagine se fosse o contrário, produzir muito, mas com baixa qualidade, você só teria refação e prejuízo.

Você ainda conta com um grande facilitador, que é a tecnologia. Use-a ao máximo a seu favor, afinal, hoje os robôs estão presentes nas indústrias, as empresas utilizam boa tecnologia que otimizam os processos, a tecnologia aumenta a velocidade do negócio.

Procure sempre a melhoria contínua, foque em melhorar métodos e processos e com certeza seu negócio será rentável.

4º Pilar - Financeiro

Entender o que está por trás dos números e tomar a decisão certa é vital. Para isso, é necessário que todo empresário sempre foque no conceito "I x R", baseado em investimento e retorno, ou seja, é preciso entender se o foco é investir e qual retorno ele vai ter. Por isso é fundamental ter os custos fixos mais baixos possíveis e deixar muito mais custos variáveis.

Por exemplo, o vendedor deve ter um ganho fixo baixo e o ganho maior deve ser direcionado para os variáveis. Sabe o porquê disso? Para ele não seja um prejuízo à empresa, e sim um ganho, ou seja, ele ganha mais se produz mais também, levando retorno para o negócio.

Inclusive, atente-se também à sua margem, ponto importantíssimo, pois a margem de lucro deve ser a melhor possível para que o negócio realmente tenha condições de crescimento e desenvolvimento. Para isso, observe diariamente os indicadores, como o Lucro, por exemplo, que é o "motor" que faz a empresa crescer.

O acompanhamento diário dos números é fundamental e, como já disse, o fluxo de caixa de uma empresa é o ar para o pulmão e as despesas, uma hemorragia. Por quanto tempo uma pessoa pode aguentar com uma hemorragia?

Pouco tempo, certo? Dependendo da hemorragia às vezes não dá nem tempo de salvar a pessoa, e para a empresa isso não é diferente.

O financeiro deve acompanhar os números diuturnamente, assim como os recebimentos, vendas, receitas, despesas e inadimplência. Inclusive, é essencial ter uma boa controladoria, pois todo final de mês você deve fazer uma análise vertical e horizontal do negócio para saber exatamente a evolução de despesas e receitas, comparando mês a mês os centros de custos.

Faça sempre também um acompanhamento do regime tributário, pois sempre é possível otimizar tributariamente de uma forma legal e íntegra seu negócio, analisar se a empresa está enquadrada na Classificação Nacional de Atividades Econômicas (CNAE) adequada. A CNAE é uma forma de padronizar os códigos de atividades econômicas em todo o país, facilitando o enquadramento adequado das empresas, afinal existem categorias e locais em que você paga mais ou menos impostos e cada território oferece benefícios fiscais específicos.

O desafio grande é a guerra tributária do Brasil e dos outros países do mundo, então você deve revisar todo ano a possibilidade de otimização de impostos, consultar sempre seu contador, estudar uma maneira de pagar menos taxas dentro da Lei, o que te ajuda a conter custos.

5º PILAR - PESSOAS

Nada dá mais resultados para uma empresa do que ter as pessoas certas nos lugares certos. E em via de mão dupla não há nada que dê mais prejuízo que pessoas erradas nos lugares errados, bem como pessoas erradas no lugar certo.

O grande segredo do sucesso é a pessoa certa no lugar certo para poder produzir bem e entregar os resultados. Você como empreendedor tem que liberar o potencial das pessoas, um grande líder libera o potencial das pessoas, traz para fora o que elas têm de melhor, depois só administra e alinha interesses, tanto do colaborador quanto da empresa, dos fornecedores e acionistas.

Outro ponto a se atentar é a zona de conforto das pessoas, pois um grande líder tira as pessoas da zona de conforto e sempre as coloca no local onde elas não imaginavam ter capacidade ou condição de ir. Sempre tire as pessoas da zona de conforto.

A formação de talentos é fundamental, pois assim você será capaz de fazer a empresa crescer com pessoas formadas internamente, afinal os melhores colaboradores estão dentro das empresas, não fora. Inclusive, pessoas de dentro do seu negócio já têm a cultura da organização e estão prontas para passar o trabalho e o pensamento adiante.

Por fim: treinar, treinar e treinar! Treinar significa desenvolver habilidades, assim como uma seleção treina antes da Copa do Mundo, por exemplo, para ficar mais rápida, ter mais entrosamento e melhores resultados. Ou seja, treinar é desenvolver habilidades, ao contrário de educar que é ensinar a quem não sabe.

6º PILAR - CULTURA

Cultura é muito importante, é a base de um negócio, ela deve ser implantada com base na meritocracia, promovendo o crescimento das pessoas. Por isso, quero compartilhar um pouco da cultura das nossas empresas com você.

1. Sonho Grande: Somos movidos por um sonho grandioso e desafiador: sermos os melhores e mais lucrativos nos setores em que atuamos;

2. Meritocracia: Pessoas excelentes, livres para crescer no ritmo de seu talento e recompensadas adequadamente, são nosso ativo mais valioso;

3. Formar Líderes: Devemos selecionar indivíduos que possam ser melhores do que nós. Seremos avaliados pela qualidade de nossas equipes;

4. Ser exemplo: A liderança pelo exemplo pessoal é o melhor guia para nossa cultura. Fazemos o que dizemos. Costumo dizer que se o líder sentar, as pessoas se deitam, se um líder deitar, as pessoas dormem. Isso quer dizer que você precisa entender que liderar é um exercício árduo, solitário, exercício de referência para os demais;

5. Resultados: Resultados são a força motriz da empresa. O foco nos resultados nos permite concentrar tempo e energia no que é essencial. Uma grande empresa precisa obter grandes resultados, que sejam ótimos e sustentáveis, afinal o que importa são resultados, desde que obtidos de maneira que respeite a estrutura ética e as normas da empresa;

6. Agir como Dono: Somos todos donos da empresa. E um dono assume a responsabilidade pelos resultados pessoalmente. Todos devem pensar como dono da empresa, pensar sempre em receita e custo, em otimizar recursos sem perder qualidade, é esse tipo de pensamento de dono que todos envolvidos devem ter.

7. Simplicidade e Franqueza: Acreditamos que bom senso e simplicidade são melhores que complexidade e sofisticação. Pessoas criam planilhas, fórmulas e métodos que apenas elas entendem, é difícil de um terceiro implantar, por isso a simplicidade traz velocidade;

8. Empresa Enxuta: Gerenciamos nossos custos rigorosamente, a fim de liberar recursos que ajudarão a aumentar o faturamento. Às vezes são investidos recursos em coisas que as pessoas não poderão dar andamento, porém o correto é investir apenas naquilo que realmente vai trazer resultado ao cliente;

9. Trabalho Duro: Nunca estamos plenamente satisfeitos com nossos resultados. É essa recusa em se acomodar à situação atual que nos garante vantagem competitiva duradoura;

10. Integridade: Não tomamos atalhos. Integridade, trabalho duro e consistência são o cimento que pavimenta nossa empresa. Se atalho fosse bom, não teríamos as estradas e rodovias. Atalhos têm seus riscos e perigos, então, entenda, atalho nunca dá certo. É integridade, trabalho duro e passo a passo para chegar a um resultado íntegro e leal.

7º PILAR - GESTÃO

Todos esses seis pilares que foram falados até agora devem ser somados a uma gestão muito atuante para que você possa orquestrar tudo e todos. E o que é gestão? É ter um bom organograma definindo a estrutura hierárquica da empresa, deixando as responsabilidades muito claras para todos os colaboradores, uma meta para cada pessoa, um planejamento para cadastrar.

A gestão deve, inclusive, atentar-se a planos de ação para atingir o planejamento, pois é importante levar como norte de negócio o indicador de desempenho, assim você pode acompanhar as pessoas e aplicar o método OMC, que significa "orientar, motivar e cobrar". Se o colaborador tem resultado, promova-o, se não tem, mesmo depois de um processo de orientação, descontinue a parceria.

É necessário avaliar e agir rapidamente, não se pode errar por muito tempo, isso pode gerar um grande problema. Sua liderança deve liberar o máximo de potencial das pessoas.

Para esse acompanhamento e decisão por uma atitude é fundamental aplicar em suas equipes o PDCA (Planejar, Executar, Checar e Agir), um método criado em 1950, no Japão, fundamental nos dias de hoje para alinhar se todas as atividades estão seguindo a cultura e o andamento correto atrelado ao objetivo do negócio.

E lembre-se de que decisões decidem destinos, é preciso sempre decidir quem são as pessoas que precisam ser promovidas e as que não devem estar na empresa, mesmo que muitas vezes seja necessário reconfigurar setores e posições.

JOSÉ PAULO

101

Quero citar aqui o grande administrador Jack Welch, que chegou à empresa G&E em uma situação específica e multiplicou o resultado da empresa em 40 vezes, tornando-a uma potência do mercado. Ele dizia o seguinte: 20% das pessoas você promove todo ano, pessoas de um grande potencial, 70% você treina e os 10% de baixo rendimento você troca. Assim você estabelece uma boa dinâmica na empresa, essas decisões são fundamentais.

Inclusive, não posso deixar de citar a estratégia e citar a estratégia de Edward D. Hess, um especialista em crescimento. Ele diz que para crescer uma empresa é fundamental primeiro fazer um planejamento, segundo, priorizar aquilo que é mais importante, terceiro, colocar os processos em uma sequência bem desenvolvida, para permitir o crescimento, e por último, dar ritmo para você poder fazer aquele crescimento sem atropelos, garantindo que as coisas caminhem bem. Tudo isso faz parte do crescimento orgânico.

Também há o crescimento por fusão e aquisição, uma outra forma de crescer muito adotada.

Por fim, os 4 Ps do mundo empresarial, dos quais todas pessoas e empresas devem cuidar: Preparação, Planejamento, Prevenção e Produção. Na etapa de preparação é necessário estar pronto para os ciclos e para as circunstâncias do mundo e da vida. Depois vem a fase de planejar para evitar retrabalho, prevenir para estar seguro e bem amparado, ter sempre um plano "B", e por fim dar início à produção, pois tudo isso vai lhe dar uma capacidade excelente de produção, essas regras bem desenvolvidas trarão um grande resultado.

Na bandeira do Brasil, meu querido país, há um grande ensinamento. Lá está escrito "ordem e progresso", ou seja, primeiro colocar em ordem para depois usufruir do progresso, do bom resultado e do sucesso.

AMOR

No capítulo "Decisão ideal" eu compartilhei com você, leitor, um dos momentos mais difíceis da minha carreira, que aconteceu em 2003, que na realidade me fez despertar para um caminho de sucesso. No fim de todos os anos eu faço uma lista de metas e objetivos para o ano que entra e no fim do ano de 2003 eu fiz a minha lista, no topo estava encontrar a esposa ideal.

E em 2004 fui agraciado em conhecer uma pessoa maravilhosa, Roseli Martins, mulher encantadora, dedicada, uma mãe exemplar e uma esposa sábia que me ajudou e ajuda a conquistar tudo que planejamos. Sem essa pessoa ao meu lado eu não seria capaz de fazer tudo que fiz até hoje.

Então, neste capítulo eu convido minha esposa Roseli Martins para falar um pouco do nosso dia a dia a partir do próximo parágrafo.

Olá, querido leitor, tudo bem? Quero deixar aqui algumas palavras sobre o José Paulo. Sou suspeita a falar por conta de toda admiração e amor que tenho por ele, mas vamos lá!

IDEAL DAD (PAPAI IDEAL)

Mesmo com uma agenda cheia de compromissos, o Paulo sempre acha um tempo para curtir os pequenos. Sempre falamos que o importante é a qualidade do tempo que passamos juntos, e não a quantidade, embora muitos não entendam isso, mas uma hora de almoço juntos com um bom bate-papo é muito mais impactante do que 5 horas de parques com eles.

A Anne Caroline, de 9 anos, que o diga. Ela grava tudo que seu papai lhe ensina e ela adora bater aquele papo à noite antes de dormir ou na sala de cinema, pois sempre eles assistem algum seriado juntos à noite.

Temos também o Paulo Henrique, de 4 anos, um menino muito doce, inteligente e no espectro do autismo. Ele nos oferece uma jornada desafiadora, mas que nos ensina diariamente muitas coisas. Temos conseguido muitos progressos e avanços, e o papai Paulo sempre está presente na busca feroz dos melhores tratamentos e estratégias para o resgatarmos. Nós até mudamos de país, pois ele sempre dizia que o nosso pequeno será sempre tratado pelos melhores e, desde então, estamos nessa jornada, na qual a cada momento descobrimos e exploramos novas estratégias e tratamentos e, claro, o papai Paulo com o seu lado visionário e empreendedor já tem desenhado na cabeça como pegar todo esse conhecimento e ajudarmos centenas de papais, pois missão dada é missão cumprida!

O Paulo é um pai presente e sempre se desdobra para marcar presença quando se trata principalmente dos seus pequenos e foi sempre assim, desde o primeiro mês de gestação. Ele é um pai muito coruja, não perde um evento das crianças e é o nosso oficial camera man, possui mais de 1 milhão de fotos da família, pois adora registrar todos os momentos!

Papai, queremos deixar aqui nossa homenagem:

Anne: Quero dizer que também reconheço a sua tamanha dedicação e o seu esforço fora da curva para nos proporcionar o melhor. Obrigada por ser um pai mais que Ideal! Adoro quando me leva para a escola, por sempre me explicar coisas sobre o mundo, sobre a terra, sobre a vida e sobre a palavra de Deus. Obrigada por sempre à noite me chamar para orarmos juntos e ouvir o Presente Diário. Amo demais todos esses momentos, o senhor é o meu grande líder, mentor, inspiração e exemplo!

Paulo Henrique: eu te amo, amo, amo. Quando estiver maior, com certeza farei uma dedicação de um capítulo inteiro para o senhor! Terá muito orgulho de mim, papai, mas já te agradeço por tudo que proporciona para me resgatar do espectro, serei um case de sucesso e meu caso irá inspirar milhares de vidas!

Ideal husband (Esposo ideal)

As características que me conquistaram!

O Paulo é muito companheiro e amigo, sinto-me completa e abençoada, pois nunca imaginei encontrar em uma só pessoa tantas qualidades reunidas. Desde o primeiro dia em que o conheci, deu para sentir sua vibração e energia para fazer as coisas acontecerem, além de sua inteligência acima da média, humildade e disposição para ajudar o próximo.

Essas características me encantaram, além dos olhos azuis, é claro, pois para mim essas são características de grande impacto e definem se a pessoa terá sucesso ou não; afinal, se você tem iniciativa, é ávido por conhecimento, aplicado, tem humildade e sempre se preocupa em ajudar o seu próximo de verdade, o céu é o limite. E nos últimos 15 anos juntos é o que tenho vivido, uma grande jornada de grandes desafios e gigantescas conquistas. O Paulo é intenso, obstinado pelo sucesso e incansável na busca dos seus objetivos e ideais!

Eu me recordo que, ao me pedir em noivado, virei para ele e disse: "Meu querido, eu busco mais do que um esposo, busco um grande parceiro que me ajude a educar meus irmãos mais novos", na época pequenos. Como meus pais se separaram, estávamos recomeçando e reconstruindo a vida da família com minha mãe, eu exercia um papel-chave na educação e contas da casa, estava focada em concluir minha faculdade, comprando um apartamento para os meus irmãos e ralando muito em uma multinacional para crescer profissionalmente. Então, ele virou para mim e disse: "Eu topo, eu irei construir grandes negócios que tenho bem claro em mente, pode deixar, eles trabalharão comigo e terão um grande futuro". Eu virei para ele, dei uma risada bem surpresa e disse: "Você é louco!". Paulo sempre foi visionário e projetava coisas grandes. Pois bem, foi o que aconteceu, ele não só se tornou um grande mentor para eles, mas transformou suas vidas para sempre, ensinando desde cedo a importância do trabalho duro, de buscar conhecimento aplicado, de empreender, de sempre buscar o próximo nível, de se aperfeiçoar sempre, do temor ao Senhor Deus, da importância de viver os princípios e valores que prega e vive e os transformou em grandes líderes que hoje inspiram centenas de jovens e executivos do Grupo Ideal Trends!

DESAFIOS DA CONVIVÊNCIA E BENEFÍCIOS DE CAMINHAR JUNTOS

Esses últimos 15 anos têm sido uma jornada incrível de muita evolução, nos ajudamos em todos os aspectos, temos muita cumplicidade nos objetivos e propósitos de vida, mas, como nem tudo é perfeito, também temos os embates profissionais ou de família, como todo casal. Como ele costuma brincar, nas reuniões ele diz: "Fala, Roseli, já sei que você tem um ponto de vista diferente", e, claro, eu respondo: "Sim, você está certo", porém sabemos que nos complementamos em vários aspectos e as visões diferentes ajudam muito em qualquer tomada de decisão.

Viver ao lado do Paulo significa viver fora da zona de conforto, pois cada dia é um dia de aprendizado e de se tornar melhor do que a versão de ontem. Ele é sempre ponderado nas suas colocações, nunca deixa de dar um feedback e alinhar algum ponto que irá te ajudar a ser uma melhor pessoa na vida pessoal ou profissional.

Sua simplicidade e hábitos de vida também são importantes destacar, pois ele tem uma disciplina invejável. Nos exercícios físicos diários, por exemplo, aprendeu a nadar em menos de 4 semanas! É também intenso nos seus estudos aplicados diários. Essas são duas coisas das quais ele não abre mão em sua rotina.

Vivemos uma vida simples, sem ostentação ou exageros, e são nos passeios simples com as crianças ou na grande curtição em casa mesmo que recarregamos as baterias e nos energizamos diariamente. Como ele costuma dizer: Deus, Família e Negócios.

O Paulo, quando define um objetivo, é bastante focado, exigente e tem um poder de mobilização fora do comum para realizar o que determinou. Já perguntei para ele algumas vezes de onde ele tira tanta energia e ele responde: Fé, Propósito, Constância e Resultado na Terra e no Céu!

IDEAL ENTREPRENEUR VISIONARY (EMPREENDEDOR VISIONÁRIO IDEAL)

Paulo sempre teve uma facilidade muito grande para identificar oportunidades e uma capacidade espetacular de se conectar com pessoas. Causa grande impacto por onde passa! Consegue enxergar oportunidade em todo lugar que vamos, é impressionante!

Seja em um parque, uma padaria, uma igreja, um pequeno negócio e assim por diante. Até em um consultório odontológico que fui para fazer alguns tratamentos estéticos, quando ele foi lá fazer uma avaliação saiu com várias ideias, logo depois fechou parceria e sociedade. Com um pouco mais de um ano, o negócio mais que triplicou o faturamento e no segundo ano outras quatro clínicas foram adquiridas, além de lançar uma plataforma poderosa de máquina de leads e gestão de clínicas que irá dar outra dinâmica para o mercado odontológico e prestadores de serviços em geral.

É um grande visionário e estrategista. São tantas as oportunidades, que ele acabou se tornando um grande mestre e mentor procurado por vários empresários e conhecidos para conselhos e direcionamentos que são sempre dicas e toques providenciais, pois ele foca nos pontos cirúrgicos com muita objetividade e assertividade.

Em uma conversa de 5 minutos com a pessoa, ele já tem o raio-X da alma, como ele mesmo costuma dizer, e com sua percepção, experiência e sabedoria já consegue traçar se aquela pessoa irá ter sucesso ou não.

Eu costumo dizer que o Paulo tem um ímã que atrai negócios dos mais variados e pessoas de grande valor e talento. Paulo conhece e consegue se conectar com qualquer área do negócio, domina e joga bem em qualquer posição e segmento. Nasceu para isso!

Ele aprende tudo muito rápido; para se ter uma ideia, ele se tornou um especialista em investimento na bolsa em 30 dias! Após 3 meses investindo, um consultor renomado e especialista passou a pegar dicas com ele sobre suas estratégias de investimentos, fiquei de queixo caído! Conseguiu em 12 meses dobrar o patrimônio que tinha em ações.

Paulo, desde que o conheci, sempre foi ávido por conhecimento. Por centenas de vezes nas madrugadas estava debruçado em livros, ou desenhando projetos e/ou rascunhando ideias no papel. Sempre gostou muito de pensar e desenhar, como um bom engenheiro que é de formação. Perdi a conta de quantas vezes que me levantava na madrugada, 3 da manhã e o chamava no seu escritório para vir dormir. Ele vinha, mas às 6 da manhã já estava de pé. Às vezes dava uma olhada nos seus rascunhos, lista de ideias e projetos e era fascinante ver o Sonho Grande. Ele sempre pensou e visualizou tudo de forma grandiosa, mirando no espaço para alcançar as estrelas no mínimo. A propósito, quando fundou as empresas do Grupo levou consigo o princípio n° 1, o Sonhar Grande, dos 10 Princípios de Gestão e Estilo de Vida, algo que ele respira e vive intensamente na prática.

IDEAL MENTOR (MENTOR IDEAL)

Paulo tem uma capacidade de ativar o botão verde (despertar o máximo do seu potencial, liberar o seu talento) de uma forma incrível. Todos querem bater um papo com ele nem que seja de 15 minutos e o resultado sempre é de grande impacto e duradouro. A pessoa, além de sair com as energias renovadas, sai com uma visão clara do que tem que fazer para encontrar a sua melhor versão sempre. Mas, claro, você só irá conseguir caminhar junto e na mesma "vibe" se estiver disposto a querer evoluir diariamente e viver os 10 princípios que ele prega. E se prepare para os feedbacks duros e assertivos, pois ele pega na veia e fala de uma forma que mexe lá dentro, te chacoalha e te faz enxergar o mundo de possibilidades de viver a sua melhor versão. Nessa jornada alguns não conseguem ser resilientes para seguir, mas quem tem resiliência e quer crescer, segue e se transforma, como já vimos centenas de casos e depoimentos dentro do próprio Grupo.

O que ele fala queremos tomar nota e rememorar sempre, pois não são frases de efeito, são frases profundas, frases de impacto, frases de reflexão intensa que nos conectam com a nossa melhor versão.

Paulo também tem uma didática e comunicação fantástica. Em suas palestras ou discursos sempre usa analogias, pois se inspira muito no maior Líder dos Tempos, Jesus, que sempre ensinava com autoridade, conhecimento e por meio de parábolas. Ficamos sempre com o gostinho de "quero mais". Não tem como não sair da palestra altamente energizado e querendo se transformar. Ele é um professor, coaching e mentor nato. Consegue ajudar as pessoas a ressignificar suas crenças limitantes e temores. Já formou centenas de líderes e segue formando vários com o seu exemplo e mentorias valiosas.

Ideal leader (líder ideal)

Uma característica muito marcante do Paulo é a intensidade, o foco para fazer as coisas acontecerem e a capacidade de engajar, inspirar e mobilizar todos em prol daquele objetivo.

Ele não te deixa entrar na zona de conforto e sempre coloca a régua um nível acima, te mostrando sempre que você consegue ir além e dar sempre o seu melhor, como a frase de sua autoria que vemos pelo Grupo em quadros: Para ter o seu melhor, dê o seu melhor.

Ele investe as horas que forem para formar líderes. Se você demonstra trabalho duro, é ensinável, resiliente e está disposto a evoluir, prepare-se, pois ele irá investir até as horas que não tem para fazer você voar. Ele ensina com sabedoria e ajuda a quebrar paradigmas. Consegue passar dezenas de horas ensinando sobre pessoas e negócios.

Um dos princípios do Grupo é a Meritocracia e isso ele leva mais que à risca. Oportunidades são geradas a todo instante e sua decisão de dar oportunidade está sempre baseada no seu potencial e dedicação ao projeto.

Filantropo

Um coração doador, um coração sempre disposto a ensinar primeiro a pescar o peixe e, claro, em casos de saúde, apoia com ajudas recorrentes, principalmente se tratando de viúvas e órfãos, mandamento bíblico que o ajuda a definir as prioridades de para onde vão os recursos sociais.

O que o Paulo quer muito é deixar um grande legado por meio do Projeto Caminho Ideal, recém-lançado, uma igreja-escola, com um objetivo audacioso de transformar pessoas comuns e simples em cidadãos de grande resultado nesta Terra e no Céu, pois aqui a jornada é curta e não definitiva.

Sempre foi um apaixonado pelo Livro Sagrado "Bíblia" e entende que a vida vem com manual, sim, para ele a cartilha está bem clara. Por isso, ele sempre se baseia muito nos livros de Provérbios, Eclesiastes, Salmos e Mateus, livros esses que desde muito jovem ele decorou de cabeça, além de gravá-los em CD na época para poder escutar e meditar. A propósito um CD lindo, pela época gravado ficou muito bem feito, ele sempre é caprichoso e perfeccionista, até música de fundo clássica tem, um lindo CD que eu também ouvi várias vezes.

Uma vez estávamos cruzando uma avenida em São Paulo e vimos um senhor bem magrinho vendendo bala no farol e com bastante dificuldade de locomoção em um sol escaldante, mas com um sorriso grande no rosto, trabalhando e suando naquela tarde de domingo. Ficamos admirados, cruzamos o farol e fizemos o retorno para ir lá conhecê-lo. Era o Seu Ronaldo, um homem portador do HIV que havia conhecido a Cristo recentemente, tirava da venda de balas o sustento da sua família. O Paulo perguntou para ele se já tinha almoçado, e ele, sem querer dar trabalho, disse: "Não, mas logo vou"; então, o Paulo foi correndo buscar comida em um restaurante (bastante por sinal) e levamos para ele. Comemos todos ali juntos em um canto daquela avenida. Demos boas risadas com o Seu Ronaldo que tinha uma alegria contagiante e intrigante, ele dizia: "Eu tenho a Cristo agora e isso me gera felicidade e paz de espírito, que é o que preciso para seguir". Ficamos surpresos, paramos para ajudá-lo e fomos impactados, saindo de lá com grandes aprendizados sobre a essência da vida. Desde então, Seu Ronaldo está em nosso programa social de apoio e segue sua jornada firme e forte, trabalhando e pregando a palavra de Deus, muitas vezes ali no farol mesmo.

Poderia citar aqui centenas de situações e iniciativas que vivemos juntos, que poderia classificar como filantrópicas, mas o Paulo sempre foi muito discreto e sempre o quis fazer de forma que ficasse só entre nós mesmos. Como é prazeroso e revigorante poder ajudar, mais um mandamento bíblico fantástico, e que traz um grande segredo espiritual, pois nos conecta ao Pai e nos coloca no sentido pleno da missão nessa terra.

CINCO CONSELHOS PARA UM CASAMENTO SÓLIDO E DURADOURO

"O amor é sofredor, é benigno; o amor não é invejoso; o amor não trata com leviandade, não se ensoberbece.

Não se porta com indecência, não busca os seus interesses, não se irrita, não suspeita mal;

Não folga com a injustiça, mas folga com a verdade;

Tudo sofre, tudo crê, tudo espera, tudo suporta."

1 Coríntios 13.4-7

No capítulo anterior minha esposa Roseli foi generosa em suas palavras, reconheço que ninguém é perfeito, e que uma vida a dois deve ser pautada entre o amor e o respeito, o ouvir e o falar. Decidir viver a dois é algo muito sério, existe o fator da renúncia de ambas as partes, o tempo de qualidade de cada um bem como não deixar que a habitualidade tome conta do dia a dia do casal.

Gostaria de deixar cinco conselhos aqui neste livro, que eu entendo serem cruciais para um relacionamento duradouro, saudável e próspero. Ao longo da vida, observando vários relacionamentos e meditando, acabei concluindo algumas coisas e quero compartilhar aqui.

Antes de firmar um compromisso com a Roseli, eu ponderei sobre estes cinco pontos, e ela também os ponderou, plenamente alinhados conseguimos ter um relacionamento sólido, pautado de cumplicidade, lealdade, perdão e gratidão. Conseguimos e estamos trilhando juntos uma vida familiar feliz e uma vida profissional de sucesso, e nosso planos não são só terrenos, mas, pela minha fé, nossa união é para eternidade.

Você que já é casado e tem um relacionamento saudável, não se assuste, e, mesmo que haja alguma diferença entre você e seu cônjuge nos cinco pontos que serão aqui citados, não interprete como uma crítica ou uma regra, afinal são conselhos e com certeza servirão para refletir, aconselhar alguém e evoluir no seu relacionamento atual.

A maioria das pessoas usa o termo "vida a dois" quando, na realidade, são dois que se tornam um para viver uma jornada. Diante disso devem seguir na mesma direção.

Imagine que você e seu companheiro estão caminhando em uma estrada amarrados um ao outro por uma corda pelas mãos e pelos pés, e que um de vocês passa a caminhar mais rápido que o outro. O resultado pode ser a quebra dessa corda onde um ficará para trás ou ficará ferido por ser arrastado e o outro estafado pelo esforço de puxá-lo. Portanto estar alinhados em vários pontos da vida é muito importante para um bom relacionamento e algo duradouro, peço que medite nos conselhos abaixo.

1 - CONDIÇÃO SOCIAL

Quando um casal tem a mesma condição social, a relação entre as famílias tende a ser mais tranquila e equilibrada, não veja este meu conselho como um preconceito, estou falando de todos os níveis sociais. Quando há esse alinhamento as coisas já iniciam de uma melhor forma, pois frequentam os mesmos lugares, falam a mesma linguagem, pois o padrão de vida se equivale.

O que eu quero que você, leitor, enxergue aqui é o equilíbrio de uma relação desde o início. Começam no mesmo ritmo, eu falo isso, pois, quando há uma distância entre a condição social, no início a paixão avassaladora esconde as dificuldades culturais e sociais, e logo uma das partes começa a sofrer por não se adaptar ao ecossistema do outro. Volto a dizer, não estou invalidando o sucesso na união entre classes diferentes, mas se isso ocorrer deverá haver antes de tudo muita troca de experiência, valores e cultura, além de muita resiliência e flexibilidade para administrar esses fatores.

2 - Nível educacional

Este é outro conselho que eu deixo para meu leitor, o casal com o mesmo nível educacional facilita muito a comunicação. Se tem algo vital em um casamento é o saber ouvir e saber o que falar. Quando um dos dois possui um nível educacional muito mais avançado, em determinado tempo da vida ele vai se isolar para manter o seu foco e por não ter uma comunicação efetiva com seu cônjuge, e isso não é saudável para a relação.

Quando há igualdade nesta área, na hora de um conflito os dois se comunicam no mesmo nível e tudo se resolve com mais tranquilidade e rapidez. O grande desafio é um não se sentir intelectualmente superior ou inferior ao outro.

Se você hoje tem um relacionamento com alguém de menor nível educacional, estimule para que ele possa caminhar ao seu lado nesta área, ou se você tem um nível educacional menor procure se esforçar para chegar lá também e peça ajuda ao seu cônjuge para que isso ocorra.

3 - Objetivos de vida bem alinhados

Quando falamos de casamento, a palavra renúncia está presente todos os dias. Imagine, um quer viajar, o outro pensa em comprar um automóvel, um quer ter filhos, o outro não, um é caseiro, o outro adora sair, e assim por diante.

Em vários aspectos um dos lados tem que renunciar e ter o mesmo objetivo do outro, tudo isso tem que estar bem alinhado; para isso, antes de tudo, muito diálogo e alinhamento.

O melhor de tudo é substituir a vontade própria pelo ganho de fazer algo unidos, isso não garante amor e felicidade, mas ajuda demais, pois ambos estão olhando para o mesmo horizonte, aqui há um exercício grande de cumplicidade, respeito, tolerância e uma via de mão dupla de gratidão.

É preciso ter em mente que objetivos podem mudar ou falhar, mas quando estão em comum acordo um ajuda o outro na mudança ou na superação, pois acompanharam todo passo a passo.

Avaliar muito os objetivos antes de iniciar uma vida matrimonial é primordial, desejos e expectativas devem ser compatíveis. Algumas diferenças superam a fase do namoro, mas quando se casa o compromisso é muito forte. Aqui se abre a porta da necessidade de ter um projeto de vida em comum, isso traz um propósito de vida comum e alegria de conquistar algo juntos.

Entender o argumento um do outro é muito importante, coloque no papel os projetos e planos e analise quais deles trarão mais benefícios à vida do casal e então caminhem juntos para as realizações, um sempre terá que abrir mão do seu projeto, mas aproveite a mão aberta e dê as mãos para um projeto em comum.

4 - Mesma religião

Todos os dias convivemos com pessoas que não pertencem à mesma religião, no ambiente de trabalho, escola, faculdade e grupo de amigos, aqui prevalece o respeito. No entanto, quando se trata de casamento, essa conciliação pode ser um complicador e até mesmo desgastante. Volto a falar aqui do equilíbrio na relação, falamos do mesmo nível social, mesmo nível educacional e mesmos objetivos, e a mesma crença é muito importante para um bom andamento do dia a dia.

Pertencer a crenças diferentes pode ser desgastante, já que um casamento exige renúncia em muitas áreas da vida, e fé não se negocia, pois é algo muito profundo. Eu como cristão tenho a vida como uma missão, creio que em meu casamento Deus é quem une meus propósitos com os da minha amada esposa, então não há sentido em casar-se com quem não é adepto daquilo que mais veneramos. A minoria está disposta a renunciar à própria fé, e, se os valores não forem os mesmos, não haverá um relacionamento duradouro.

Mesmo que haja respeito pela fé do outro, o dia a dia mostrará uma complicação, os filhos, por exemplo, seguirão o pai ou a mãe, nos dias de culto, reuniões ou compromissos religiosos cada um vai para um lado, onde está o mesmo objetivo no principal pilar de um lar?

Um casamento não pode pautar-se apenas pela união física, mas também espiritualmente deve-se ter essa união, e assim a vida será completa em todos os aspectos, é saudável e belo, um casal que medita, ora e cultua unido.

5 - GOSTAR NA MESMA INTENSIDADE

Quando falo de gostar na mesma intensidade, é amar com a mesma "força", é ser correspondido da mesma forma que se dedica ao outro. O relacionamento começa desbalanceado quando um se dedica mais ao outro, a mutualidade deve ser nítida neste ponto, claro que respeitando a característica de cada um. Amor e paixão são coisas distintas e em grande parte dos relacionamentos que não perduram um amava e outro era apaixonado, acontece que o amor permanece, mas a paixão é passageira.

É comum em uma cerimônia de casamento ouvirmos: promete estar com ele, na saúde e na doença, na riqueza e na pobreza, na alegria e na tristeza. Neste exato momento o celebrante está perguntando: vocês se amam na mesma intensidade a ponto de suportarem um ao outro nos momentos mais difíceis, o seu amor pelo outro é na mesma intensidade a ponto de você tomar as dores dele e torná-las suas?

O ponto aqui, caro leitor, que eu quero levantar é que dividir momentos bons e agradáveis é muito prazeroso, mas nos momentos de dificuldade e superação que provamos a intensidade do amor de um pelo outro, quando falo de suportar é realmente no sentido de dar suporte, na realidade ser o sustentáculo do outro na certeza de que ele faria o mesmo por você.

O CAMINHO IDEAL: EQUILÍBRIO PARA UMA VIDA FELIZ

Muito bem, estamos chegando ao final dessa jornada e foi muito bom estar com você até aqui, mas quero encerrar este livro contribuindo não só para sua vida profissional, mas dividir com você minha concepção sobre uma vida feliz.

Uma vez eu li um livro de Paul J. Meyer sobre a roda da vida, e isso me fez aprender que tendo equilíbrio em todas as áreas da vida eu consigo ter sucesso e tranquilidade para caminhar.

Você já deve ter visto um equilibrista de pratos giratórios, ele equilibra o prato em uma varinha, gira o prato e o mantém rodando, passa para o próximo e assim sucessivamente; o objetivo é não deixar cair e quebrar qualquer prato, quando um começa a se desequilibrar o equilibrista volta lá e roda novamente.

Imagine sua vida dividida em sete áreas: Pessoal, Profissional, Familiar, Financeira, Social, Cultural e Espiritual, e que cada área dessa é um prato que deve ser equilibrado por você. Para os pratos não caírem você deve sempre estar de olho naquele que está perdendo o equilíbrio e dar uma atenção especial a ele, girando a varinha para mantê-lo em segurança.

Qualquer área da nossa vida que estiver desequilibrada interfere diretamente nas outras áreas e você acaba não vivendo a plenitude da sua vida. Agora te convido a refletir comigo sobre as sete áreas abaixo divididas por sete pilares.

1 - PILAR PESSOAL

Neste pilar você deve estar comprometido primeiramente com sua saúde física, observando a prática de atividades físicas regularmente. Não precisa ser algo intenso, basta uma constância como uma caminhada de 30 minutos diariamente, por exemplo, e o resultado será satisfatório.

Sua alimentação deve ser regrada e saudável, principalmente nos dias de hoje em que a onda do fast-food é gigantesca, bem como a velocidade do dia que te impede de fazer as refeições na hora correta. Então, atente-se a isso, determine um cardápio simples e saudável e se condicione a se alimentar nos horários corretos.

O descanso também é algo primordial para o seu dia a dia, uma boa noite de sono revigora para o dia posterior. Evite, então, dormir muito tarde e usar aparelhos eletrônicos antes de dormir, assim será possível ter uma média de oito horas de sono, o que é muito importante para qualquer pessoa.

Seguindo a risca esses três pontos (exercício físico, alimentação e descanso), você tem energia para equilibrar os outros "pratos".

2 - PILAR PROFISSIONAL

É deste pilar que você extrai seu sustento e consegue realizar seus sonhos, então para estar equilibrado nesta área várias ponderações são necessárias, por exemplo, avaliar como está sua carreira, se deseja alcançar novas posições, se seu trabalho está alinhado ao seu propósito de vida; o ecossistema profissional em que você está deve ser saudável e sempre lhe trazer crescimento e conhecimento.

Preocupe-se com a cultura da empresa em que você trabalha, procure sempre se atualizar na sua área, reciclar conhecimento para sempre ter suas habilidades em dia, esteja em treinamentos, palestras, leia bastante e jamais tenha medo de empreender.

E lembre-se: se você quer realizar seus sonhos, o trabalho é o caminho para isso.

3 - PILAR FAMILIAR

Família é a base da sociedade, afetividade entre os membros é primordial, os diálogos, harmonia do lar e, o mais importante, o diálogo entre os familiares sem prejulgamentos ou apontamento. Relacionamentos duradouros são pautados pelo amor e o respeito, bem como pelo ouvir e o falar, isso é vital para um ambiente familiar saudável. Sua casa deve ser um refúgio de paz.

É essencial primar pela educação dos filhos, pelo bem-estar do(a) companheiro(a) e o respeito pelos idosos, afinal eles são a razão da existência da nossa família. Resoluções rápidas de conflitos, um papo franco sobre sexualidade, bem como um tempo de qualidade com todos são pontos de fundamental atenção.

Muitas famílias sofrem por falta de educação financeira, o papel de cada um nesta área deve estar muito bem definido e todos dentro da casa devem saber o quanto ela gera de receita e todos devem colaborar na medida da sua responsabilidade.

Um acrônimo muito bonito sobre LAR é: Lugar de Amor e Respeito!

4 - PILAR FINANCEIRO

Com este pilar bem definido você consegue direcionar bem sua vida no que se refere a um padrão. Eu sempre aconselho as pessoas a viverem dois degraus abaixo do que ganham e, assim, conseguem equilibrar suas contas e poupar.

O que você deve ter bem claro é se sua renda familiar hoje permite uma vida confortável ou se necessita de grandes economias para sobreviver, se for a segunda situação se faz necessário buscar alternativas para melhoria da gestão financeira e para o aumento da renda no lar.

Tenha um planejamento financeiro claro, procure investir, atente-se para opções de empreendedorismo e sempre pense no seu futuro em médio e longo prazo, pois com o avançar da idade você precisará de uma segurança financeira.

5 - PILAR SOCIAL

Aqui estamos falando do meio em que vivemos, o quanto minha vida impacta na vida das pessoas que comigo convivem, na minha comunidade, na sociedade, no meu país e no mundo. Se cada um de nós fizermos nossa parte teremos um mundo melhor, seja um trabalho voluntário, ações comunitárias, ações de cidadania e civismo.

O assistencialismo social é importante e nobre, mas nossas ações na medida do possível devem ser de tirar as pessoas da situação em que se encontram e dar ferramentas para elas desenvolverem uma nova vida.

Tenha também uma avaliação de colegas e amigos, sobre os bons momentos, se é saudável para você, procure estar com as pessoas que agreguem, somem para o seu crescimento e que torcem pelo seu sucesso.

6 - Pilar cultural

Separar um tempo para fazer o que gosta é essencial, eu falo que isso oxigena o cérebro. Às vezes, no dia a dia, a dedicação ao trabalho e às preocupações não lhe permite que você tire um tempo para você. Sua vida não pode parecer chata, não se sinta forçado a fazer, nos seus momentos de lazer, aquilo que não deseja. Não pode faltar emoção e descontração.

Os cuidados que devem ser tomados hoje são com os conteúdos oferecidos. Eu respeito todas as culturas, estou falando de conteúdos nocivos e subliminarmente inseridos nos materiais.

Assista a filmes, peças, visite museus, exposições, passeie em alguns parques com família e amigos, faça pequenas viagens procurando conhecer os locais históricos desses lugares. Isso irá ajudar a enriquecer a sua alma e a sua experiência de vida.

7 - Pilar espiritual

Você já conhece a minha crença, minha fé em Cristo é o que dá sentido a minha vida. Todos buscam um sentido para sua vida, eu ressalto novamente que respeito todos os credos, mas dentro do que acredito há alguns pontos para viver a plenitude espiritual:

- Entender e viver a minha fé com atos baseados nos princípios da minha crença (no meu caso, princípios bíblicos);
- Manter meus valores alinhados com esses princípios;
- Colocar Deus no controle da minha vida;
- Ter cuidado com meu Corpo, Alma e Espírito;

- Praticar meditação diária nos princípios;
- Realizar uma oração diária;
- Manter vivo o amor ao próximo;
- Oferecer cuidado ao órfão e à viúva;
- Ser um pacificador onde quer que eu esteja.

Salomão dizia: "Um coração alegre mostra um rosto feliz e radiante", então, temos que cuidar do nosso interior, nossas emoções e nosso espírito. Eu, por exemplo, tenho a certeza de uma vida eterna depois de cumprida minha missão nesta terra, e você? Qual a sua certeza?

Busque o equilíbrio em todas essas áreas e com certeza você será uma pessoa de muita prosperidade na sua vida e fará bem a outras pessoas também.

Desejo a você muitas bênçãos.

MEU PRESENTE PARA VOCÊ: UM BRINDE AO SEU FUTURO!

Teoria de desenvolvimento pessoal - "four actions"

Quatro ações para o desenvolvimento pessoal. Se um de vocês quer construir uma torre, primeiro sente e calcule quanto vai custar para ver se o dinheiro dá. Se não fizer isso, será possível colocar os alicerces, mas não poderá terminar a construção. Todos os que virem o que aconteceu vão caçoar dele, dizendo: "Este homem começou a construir, mas não pôde terminar!" Jesus Cristo (Lucas 14.28)

Amigo leitor, com a teoria das quatro ações para o desenvolvimento pessoal qualquer pessoa pode transformar uma situação ruim em sucesso, basta entender e viver. A teoria das quatro ações é composta por: Ser, Realizar, Progredir e Conquistar.

Existe uma ordem que, quando bem ajustada e utilizando as ações ordenadamente, você pode transformar o caos em bons resultados, mas, se houver um desajuste, qualquer situação se tornará um caos.

Primeiramente você precisa fazer um diagnóstico da sua situação, está insatisfeito com resultados? Considera sua situação atual um caos? Não progride nas áreas da vida?

Muito bem, feito o diagnóstico você passa a analisar o cenário através das quatro ações.

A ordem das ações deve ser seguida à risca:

1. SER;

2. REALIZAR;

3. PROGREDIR;

4. CONQUISTAR.

Não existe mágica, qualquer alteração nesta ordem fará da sua vida ou dos seus negócios um caos, ou que se tornem um. A maioria das pessoas busca apenas o REALIZAR, ou seja, a conquista de altos salários, de bons carros, boa casa e assim por diante. Por último, essas pessoas buscam o SER.

Quando uma pessoa foca no SER, tudo acontecerá naturalmente na sua vida, lembrando que SER é invisível, pois nele estão seus princípios, seus valores, sua crença, suas escolhas e sua determinação. É o que você faz nesta base "invisível" que determina o sucesso nas outras três ações de desenvolvimento pessoal.

Ao alinhar sua vida com princípios sólidos, valores de uma vida íntegra, acreditar de coração e intenção e ser determinado, você será levado com segurança para o REALIZAR. É na construção que você aparece, é quando as pessoas que compartilham o mesmo ambiente, seja ele familiar ou profissional, começam a analisar seus atos que materializam o SER.

O REALIZAR está no seu dia a dia, tijolo a tijolo, lembre-se de que a constância é irmã da disciplina, neste ponto tudo que você constrói deve estar sólido e bem ajustado. Faça de acordo com aquilo que você fala e você terá parceiros no REALIZAR.

Lembre-se de que nada sólido e duradouro é feito do dia para a noite, muito pelo contrário, em tudo deve haver sequência, métodos e processos bem definidos, inclusive aqui entra o PROGREDIR. O sucesso não é uma linha reta, muito pelo contrário, há um caminho a se percorrer e este caminho é progressivo.

A palavra "progredir" aqui está ligada a incorporar coisas novas, desenvolver-se e crescer, afinal ninguém consegue realizar algo sem progressão, nada é instantâneo, para tudo há um caminho a ser percorrido.

Passamos, então, ao SER que é a sua essência, pelo REALIZAR que reflete quem você é e aonde quer chegar por meio de suas ações e no PROGREDIR que é quando você acrescenta as coisas à sua vida, como se fossem degraus em uma escada que você coloca dia a dia. E esse é o caminho para o CONQUISTAR.

CONQUISTAR está ligado aos seus sonhos, seus objetivos, suas vitórias. Já ouvi muitas pessoas dizerem: "Eu conquistei", e sempre me perguntei se a pessoa sabe realmente o que é um CONQUISTAR. Conquistar é olhar a trajetória e ver que tudo que você construiu é de fato sólido, real, leal e íntegro, ou seja, um legado que você deixa para gerações.

Portanto, aqui neste capítulo está um pequeno e humilde mapa para o sucesso. E, quando você chegar lá, lembre-se de brindar e comemorar!

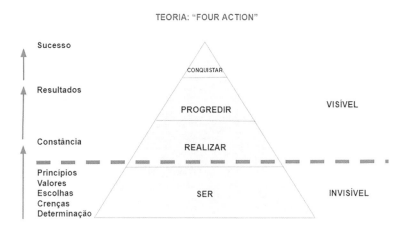

PARA TER O MELHOR, DÊ O SEU MELHOR!

Deem e será dado a vocês: uma boa medida, calcada, sacudida e transbordante será dada a vocês. Pois a medida que usarem também será usada para medir vocês.

Lucas 6:38

A frase "Para ter o melhor, dê o seu melhor" é o meu lema, tem um grande ensinamento por trás dela, pois muitas pessoas querem ter o melhor sem dar o seu melhor. Na realidade, se você quer o melhor da vida, tem que se esforçar para tê-lo. A vida é um jogo de soma zero, ou seja, aquilo que você dá você recebe e, aliás, recebe muito mais amplificado.

Tudo aquilo que você faz de bom para o outro você recebe em uma medida que não caberá em suas mãos.

Um exemplo de fácil entendimento, imagine quando você encontra aquele carrinho de pipocas coloridas e, quando você pede, o pipoqueiro coloca a pipoca no saquinho, dá aquela batidinha com o pegador, para caber mais, e quando entrega em suas mãos a pipoca está transbordando, de tanta generosidade.

É exatamente isso que a vida lhe dá de volta quando você faz o bem. E o contrário também é verdadeiro, tudo aquilo que você faz de ruim para o outro, o retorno vem em uma proporção muito maior; aliás, como análise, o texto bíblico citado no início deste capítulo ressalta de forma profunda o que estou querendo dizer aqui.

Pessoas que pegam atalho são pessoas que não querem dar o seu melhor, e acabam em ruínas, um exemplo claro é construir uma casa com material sem qualidade, ela pode desabar em algum momento.

Muitas pessoas querem ter o melhor, seja emprego, uma melhor casa, a melhor família, mas não se empenham para isso. Não tem lógica você querer ter o melhor sem empenho e entrega, você não vai conseguir e se conseguir seria injusto e inadequado, não há prosperidade.

Por exemplo, os ganhadores da Mega Sena fizeram por onde, apostaram, ganharam o prêmio, mas, a cada 100 milionários deste tipo, 99 voltam a ficar pobres, eles não fizeram por onde ser milionários, não conquistaram.

O mais importante não é chegar ao topo, e sim a pessoa que você se torna para chegar até o topo. O processo torna você mais eficiente, produtivo, consciente, resiliente, determinado e mais sensível para poder trabalhar em equipe de grandes resultados.

Todos os campeões que são entrevistados, quando chegam ao topo em suas respectivas áreas, eles percebem que não encontraram nada lá, e sim um vazio imenso; uma vez que você chega ao topo de alguma coisa, vai estabelecer uma nova meta para outro topo e assim sucessivamente, ou seja, o sucesso é a progressiva realização de um desejo, o desejo vai sendo amplificado e novos patamares estão sendo colocados de tempos em tempos.

Entenda, para ter o melhor casamento, tem que investir em paciência, amor e cuidado; para ter o melhor emprego tem que investir em resiliência, trabalho duro, dedicação e foco; para ter melhor empresa tem que investir em recursos humanos, contratações, metas e um ambiente excelente; em sua comunidade religiosa você precisa se dedicar em confraternizar com a irmandade; para você ter o melhor bairro você tem que procurar fazer a sua parte na comunidade, tudo que você pensa para ter o melhor você tem que dar o seu melhor.

Uma equação que eu defendo para o sucesso é a seguinte:

RESILIÊNCIA

SUCESSO = (OBJETIVO + PLANO x ATITUDE)

O Sucesso, então, é a soma do seu objetivo somado ao seu plano de ação, multiplicados por suas atitudes, elevados à resiliência. Ou seja, para você ter o melhor você deve empenhar-se com excelência nos elementos dessa equação, sendo uma pessoa com um foco determinado, objetivos claros e planos bem arquitetados, ter atitude positiva em todos os momentos, sejam eles bons ou ruins, atrelados a muita, mas muita resiliência. Essa equação bem aplicada levará você ao sucesso, e lá você definirá o próximo passo.

"Para ter o melhor, dê o seu melhor!"

José Paulo

DEPOIMENTOS

Ele é um grande líder, mentor, amigo e exemplo de humildade. Sob sua liderança conseguimos atingir patamares de resultados que jamais imaginávamos alcançar. Obrigado, José Paulo, por nos proporcionar a vivência de um sonho grande!

Romário Martins —
sócio e vice-presidente do Grupo Ideal Trends

José Paulo tem uma habilidade ímpar de formar líderes. Coragem e humildade são duas qualidades que o definem. Obrigada, meu Grande Mentor, por me ensinar o que é o verdadeiro sucesso na sua essência.

Rosângela Martins —
sócia e vice-presidente de Novos Negócios do
Grupo Ideal Trends

Paulo se demonstra implacável à frente de seus desafios, buscando sempre a excelência e entrega de resultado a seus parceiros de trabalho. Com muita sabedoria direciona seus liderados rumo ao sucesso.

Obrigado por toda a paciência, orientação e, principalmente, a chance de mostrar o meu melhor.

William Souza — sócio do Grupo Ideal Trends

José Paulo é um homem de resultados, íntegro, correto, que vive uma cultura de muito trabalho duro, meritocracia e integridade, um ser humano que não mede esforços para extrair o melhor de todos, um Exemplo.

Aproveito para te agradecer por todo direcionamento e resultado que proporcionou para minha vida, sou grato a Deus e a você, principalmente, por tê-lo como meu amigo, te considero como meu irmão.

Júnior Cezar Franco Pereira —
sócio e vice-presidente do Grupo Ideal Trends

José Paulo tem uma energia incomparável, é admirável seu foco e visão de negócio, tem uma capacidade ímpar de reconhecer talentos e conectá-los a um sonho grande. Sou muito grato a ele pelo que sou hoje, profissionalmente e pessoalmente, e continuo aprendendo com ele todos os dias.

Caio Chimera —
sócio e vice-presidente do Grupo Ideal Trends

Conviver com o José Paulo é uma verdadeira jornada de conhecimento e sabedoria. É como se ele "transferisse" o resumo do que há de melhor em três livros em cada bate-papo de 15 minutos.

A forma com que ele se conecta e direciona as pessoas para que elas atinjam seu máximo potencial é fascinante!

Sou muito grato por todo conhecimento compartilhado e principalmente por voltar a sonhar.

Eu sou uma dessas pessoas que foram impactadas e conseguiram ressignificar o sentido da vida.

Carlos Aono —
sócio e vice-presidente do Grupo Ideal Trends

Paulo é o tipo de pessoa que entrou na minha vida para me guiar e mostrar uma forma mais digna de caminhar, na vida pessoal e profissional, um grande

Mentor que expande nossa visão sobre o que é possível alcançar na vida.

Rita Kuster —
diretora de franquias - Grupo Ideal Trends

JP é uma pessoa sensacional, ímpar na carreira profissional e um exemplo de cidadão, pai, pessoa de forma geral.

Sua liderança tem a essência mais nobre de um grande líder, inspirar pessoas. Não são as palavras que fazem isso, mas as atitudes, ele não fala de coisas que leu ou ouviu, suas ações mostram o caminho para termos sucesso. A frase que define o JP é seu slogan de vida: "Para ter o melhor, dê o seu melhor".

Moraes —
diretor do Grupo Ideal Trends

Ele disse: "Aqueles que acreditarem nesse projeto, e se dedicarem, aqui será a última empresa das suas vidas!". E assim ele me tornou sua sócia.

Débora Torate —
sócia e diretora do Grupo Ideal Trends

Assim como um lapidador, José Paulo tem a incrível habilidade de transformar um mineral bruto em um diamante, aplicando a pressão exata a fim de moldar e aflorar o melhor de cada profissional.

Karina Nascimento —
sócia e diretora do Grupo Ideal Trends

Conheci o José Paulo por intermédio da sua esposa Roseli, a qual chegou até mim pelo convênio e gostou do tratamento. Em uma das muitas conversas que tivemos, falei para ela da minha vontade de crescer e sobre meus sonhos. Na época ela trabalhava com marketing digital e me disse que enviaria um consultor, o qual eu nem suspeitava que era o marido dela, que inclusive quis passar por uma avaliação.

E foi no dia 16/9/2016 que meu paciente me proporcionou talvez a maior mudança da minha vida. Quem poderia imaginar que uma simples conversa entre dentista e o seu paciente se tornaria algo tão próspero!? Eu diria que foi quando um sonho começou a tomar forma e se tornar realidade.

Essa simples conversa proporcionou mudança de valores, vidas, pessoas, desafios, sonhos e propósitos.

E foi assim que de paciente o José Paulo de tornou sócio e amigo. Relação de extrema confiança e admiração. Um homem de habilidades únicas e sensibilidade ímpar! A sua missão se tornou a minha: de proporcionar às pessoas oportunidades e ajudá-las a liberarem seu potencial. Esse é o fenômeno José Paulo.

Grande abraço do seu sócio e amigo.

Dr. Alex Guilger — sócio da Vue Odonto

José Paulo, uma pessoa espetacular, humana, me fez sonhar e acreditar em um futuro melhor para mim e minha família, sonhos que pareciam impossíveis de tornaram-se realidade.

Através de seus ensinamentos consegui me tornar uma pessoa e um profissional melhor.

Sou grato por ter me escolhido no meio de muitos profissionais espetaculares que existem nesse mundo.

José Paulo para mim é o maior exemplo e espelho a ser seguido.

Bruno Gonçalves —
sócio e diretor do Grupo Ideal Trends

José Paulo é um grande líder e, como líder, sabe conduzir todos a níveis mais altos. Sua capacidade de inspirar e transformar pessoas é incrível. Essa humildade que o torna uma pessoa totalmente acessível, sempre pronto a ensinar e desafiar a todos que se dispõem a seguir seus direcionamentos.

Liliane Oliveira —
sócia e diretora do Grupo Ideal Trends

Paulo para mim é sinônimo de determinação e fé.

Um profissional ímpar que tem o dom de ver uma oportunidade onde ninguém percebe e fazer dela um sucesso mesmo quando ninguém acredita.

É referência de integridade, transparência e confiança. Desta forma, tornou-se referência no Grupo e para muitos outros que o seguem.

Ser exemplo é uma das suas principais diretrizes a todos os gestores e a aplicação dos princípios do grupo é mandatório.

Além de profissional impecável, é um homem preocupado com o ser humano e não mede esforços para ajudar muitas e muitas pessoas anonimamente.

Carmem Ponte —
diretora do Grupo Ideal Trends

Em dezembro de 2015 fiz uma entrevista de trabalho que mudaria minha vida, fui contratada para trabalhar no Grupo Ideal Trends como analista de contas a pagar. Jamais eu imaginaria que nesta jornada eu receberia tantas oportunidades e desafios. Cresci muito como pessoa e como profissional, em menos de 3 anos me tornei uma sócia-diretora, realizei sonhos e estou realizando muitos outros.

Obrigada, Paulo, pelas orientações, mentorias e pelas oportunidades.

Katia Rodrigues —
sócia e diretora do Grupo Ideal Trends

É difícil falar sobre o grande amigo José Paulo Pereira Silva, desde que o conheci percebi que sua vida é uma carta lida, como a Bíblia cita em II Co 3. Pode soar como um exagero da minha parte falar desta forma, mas hoje em dia é raro encontrar um cristão com autenticidade e que aplica o evangelho no dia a dia. Transparente no falar e no proceder. Tenho Paulo como uma referência e seus ensinamentos são claros e quando aplicados estamos agradando ao nosso Deus. Tenho a certeza de que todo conhecimento ele dividirá com milhares de pessoas com a bênção do Eterno.

José Paulo, eu poderia citar vários versículos bíblicos para descrever sua pessoa, como amigo, como pai, como esposo e companheiro de jornada, mas suas atitudes falam por você e, com certeza, muitas pessoas conhecerão a Cristo por seu intermédio.

José Paulo gosta de mencionar que conhecer a Deus constitui a glória do homem, conforme o texto de Jeremias:

"Assim diz o Senhor: Não se glorie o sábio na sua sabedoria, nem o forte, na sua força, nem o rico, nas suas riquezas; mas o que se gloriar, glorie-se nisto: em me conhecer e saber que eu sou o Senhor e faço misericórdia, juízo e justiça na terra; porque destas coisas me agrado, diz o Senhor."

Jeremias 9.23-24

Pastor Alexandre Silva —
amigo e irmão em Cristo

UM IDEAL

IDEAL é o sonho que você persegue incessantemente, é o seu mestre, sua estrela-guia, sua sorte ou seu infortúnio, e mesmo que o infortúnio prevalecer não desista, vá adiante, até concretizá-lo.

IDEAL é acreditar no seu projeto, é buscá-lo, ainda que somente você acredite e busque mesmo que as pessoas critiquem, duvidem ou ignorem.

IDEAL é criar o futuro, é ver além do que os outros avistam; no seu íntimo, você sabe que ele está lá, a sua espera.

IDEAL é jogar tudo nessa cartada; sua juventude, seu tempo, sua fortuna, seu destino, sua vida; nada esperando em troca, vivendo-o a cada momento e inebriando-se dele.

IDEAL, porém, tem que ser concreto, palpável, sublime, cujo objetivo acrescente algo a você e ao seu semelhante, sem afetar o seu próximo.

IDEAL, enfim, deve ser racional, atingível, medido, previsto, planejado, programado e, principalmente, praticado, senão ele se perderá na poeira dos sonhos, como a ilusão.

ANEXOS

Bisavós - Abel e Ana Maria com a pequena Lázara.

José Paulo com 1 ano de idade

Primeira Comunhão -
José Paulo e sua irmã Carmem Ponte

Ano de 1984 - 5ª Série

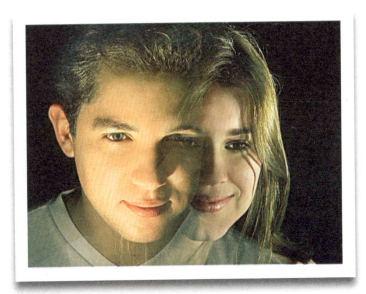

José Paulo e Roseli Martins

*Jantar no Terraço Itália com a esposa
Roseli Martins*

José Paulo e Roseli Martins em 2019

*José Paulo com sua
querida mãe Cleusa Zanette*

José Paulo com sua mãe em visita na sede do Grupo Ideal Trends

José Paulo com seu Pai José Pereira e seu Tio Elias Pereira

José Paulo com seu pai planejando a viagem de Orlando para Houston nos Estados Unidos

Parada durante a viagem em Mobile no Alabama

Família em 2019

Com a família em frente a Casa Branca

Em um momento descontraído com o filho Paulo Henrique

Em frente a Casa Branca com a filha Anne Caroline

José Paulo com Filho Paulo Henrique

Roseli Martins gestante do caçula Pedro Paulo em 2019

José Paulo com sua avó Lázara Zanette

José Paulo com Familiares 2019

*José Paulo defendendo sua tese
de Doutorado*

*José Paulo em sua graduação de
Doutorado com o Reitor da F.C.U. -
Doutor Anthony B. Portigliatti - Flórida*

José Paulo em sua graduação de Pós Doutorado - Flórida

José Paulo em sua graduação de Pós Doutorado - Flórida

José Paulo com seus pais e irmãs.

José Paulo com a família no aeroporto de Orlando.

*José Paulo e Cida Kurtz
(sua primeira contadora desde 1995).*

*José Paulo com os Vice - Presidentes doando livros
para o Caminho Ideal.*

José Paulo com Romário Martins, Junior Cesar, Rosangela Martins e Roseli Martins - pioneiros do Grupo Ideal Trends - Todos Vice-Presidentes do Grupo.

José Paulo e Junior Cesar recebendo a chave de um imóvel do Grupo Ideal Trends

José Paulo e Roseli Martins em uma confraternização do Grupo Ideal Trends

José Paulo em uma das unidades do Grupo Ideal Trends

José Paulo orientando e motivando alguns colaboradores em uma das sedes do Grupo Ideal Trends.

José Paulo orientando e motivando alguns colaboradores em uma das sedes do Grupo Ideal Trends.

Evento com Sócios e Diretores em 2019

Foto com amigo Edson Pardini

*Foto com amigo e Personal Training -
Professor Rodrigo Cintra*

Foto com amigo Ewerton Quirino

Foto com Dr. Alex Guilger, assinatura do contrato de sociedade das Clínicas Odontológicas

Foto com Romário Martins, Ewerton Quirino, Antonio Felipe, Liliane Oliveira, Bruno Gonçalves na sede do Caminho Ideal uma Igreja Escola.

José Paulo com amigos jogando Golf

José Paulo com Amigos Judeus em New York

Ao lado da estátua de John Harvard fundador na Universidade que leva seu nome

Na Universidade de Stanford

Em frente a nave Enterprise usada na filmagem da série original de Jornadas nas Estrelas (1966-1969) no Smithsonian Museum em Whashington DC

No Billy Graham Library em Charlote Carolina do Norte

Em frente ao Capitólio, a casa de leis americana em Whashington DC

www.fontenelepublicacoes.com.br
Apoiando novos autores.